AF284055

Andreas Krivocheia

Günter

Ein Leben auf der Überholspur

Biographie

Impressum

Bibliografische Information der Deutschen
Nationalbibliothek:
Die Deutsche Nationalbibliothek verzeichnet diese
Publikation in der Deutschen Nationalbibliografie;
detaillierte bibliografische Daten sind im Internet über
http://dnb.dnb.de abrufbar.

© 2020 Günter Löchner

Herstellung und Verlag: BoD – Books on Demand,
Norderstedt

ISBN: 9783752628418

VORWORT

Liebe/r Leser/in,

bevor es losgeht, möchte ich meinen Dank aussprechen. An alle Menschen, die an mich geglaubt haben und mich in den letzten einundsechzig Jahren unterstützt haben.

In allererster Linie ist das meine Mutter. Sie war die Erste die an mich geglaubt hat und sie hat daran ihr Leben lang festgehalten. Sie hat mich nicht nur unterstützt, sondern auch ermutigt und war immer stolz auf mich.

Dank gilt ferner meinem Herzstück Moni, die mich in all meinem Tun und Taten unterstützt und ermutigt, sich für meine Vorhaben interessiert und diese letztlich auch zu Ihren macht.

Sie sagt immer, ich soll sie mitnehmen und sie geht mit, egal was kommt.

Darüber hinaus haben mir weit über hundert meiner Mitmenschen im Leben Chancen geboten, die ich Dank meinem Mut genutzt habe.

Nicht immer hat sich daraus ein Erfolg entwickelt, aber in Summe hat jede Chance dazu beigetragen mich zu formen und den Großteil meiner Ziele zu erreichen.

Und wir sind ja nicht am Ende, wir haben noch einiges vor uns.

Glück ist, wenn Gelegenheit auf Vorbereitung trifft.

Damit man diese Chancen für sein Glück bemerkt, muss man immer die Augen offenhalten.

Für mich war es nie schlimm, eine schwierige Sache zu übernehmen oder eine Situation anzunehmen die gar nicht komfortabel aussieht, aber ich muss die Chance haben, diese zu verbessern und zu gestalten.

Besonderer Dank gilt Andreas Krivocheia, der mit seinem Talent und seiner Energie dieses Buch zu einem Erfolg gemacht hat.

Übrigens. Danke ist ein wichtiges Wort in meinem Leben. Es kostet nichts und schafft Wertschätzung, Verbindung und vor allem Zufriedenheit.

Widmen möchte ich dieses Buch der Zukunft und den Menschen, denen ich mein kleines Lebenswerk und meine Werte anvertraue.

Das sind in allererster Linie meine Kinder Pascal, David und Lukas. Und ebenso eine Enkelschar von sieben Enkeln. Euch möchte ich meine Werte weitergeben.

Meine Kinder und Moni repräsentieren auch den Stiftungsrat der Löchner Stiftung.

Nicht zu vergessen der engste Kreis meiner Mitstreiter und langjährigen Verbündeten Justine, Oliver, Christian und der Aufsichtsrat der Löchner Group. Ebenso all die Mitarbeiter, die die L-mobile tragen und unser Wertesystem künftig fortführen. Ich fühle mich euch tief verbunden.

Danke.

Günter Löchner,

Oktober 2020

WIE ALLES BEGANN

Eines der ersten Gerüchte, welches ich als neuer Mitarbeiter der L-mobile über Günter Löchner zu hören bekam, war, dass Günter anscheinend an seinem Arbeitsplatz wohnte. Und dass in keinem übertragenen Sinn, sondern sprichwörtlich. Es ging nicht darum, dass Günter zu der Art Geschäftsführer zählte, die die Gewohnheit entwickelt hatten, bis tief in die Nacht zu arbeiten und deshalb quasi im Büro wohnten. Nein, er wohnte tatsächlich an seinem Arbeitsplatz, mitten im Hauptgebäude, direkt neben seinem Besprechungsraum, in dem Meetings, Personalgespräche und Präsentationen stattfanden. Es ist daher kaum verwunderlich, dass neue Mitarbeiter wie ich auf diese Information meist mit einer Mischung aus Unglauben, Skepsis und Verwunderung reagierten. Ich kann mich noch daran erinnern, dass mir zwei sehr gegensätzliche Gedanken durch den Kopf gingen.

1) Günter Löchner ist ein Workaholic und hoffentlich projiziert er seine Arbeitshaltung nicht als Erwartungshaltung auf seine Mitarbeiter (auf mich).

2) Das ist mal ein Chef, der sich seinem Unternehmen gegenüber wahrhaftig verpflichtet hat.

Jetzt - zweieinhalb Jahre später - ist mir ein dritter Gedanke bewusst geworden:

3) Günter Löchner lebt und liebt sein Unternehmen. Er lebt und liebt seine Tätigkeit. Seine Überzeugung für das einzutreten, was er für das Beste in Bezug auf die L-mobile hält, lässt ihn schier unglaubliche Herausforderungen meistern. Dabei scheut er allerdings auch nicht davor zurück, sich selbst extremen Drucksituationen auszusetzen und es sich immer wieder beweisen zu wollen.

Am Montag, den 18. November 2019 lief ich raschen Schrittes an meinen Mitarbeitern und Kollegen vorbei, die mich fragten wohin ich es so eilig habe, während ich zielstrebig und penibel darauf bedacht nicht zu spät zu kommen, nur ein Wort erwiderte. Günter. Meine Kollegen verstanden sofort und begannen wissend zu lächeln. Niemand wollte zu einem Meeting mit Günter zu spät kommen.

Vor seinem Büro (oder sollen wir es ab sofort Apartment nennen?) blieb ich stehen und holte tief Luft. Ich klopfte an und erwartete eine Antwort, ein freundliches Herein, oder zumindest ein herrisches Ja. Aber es herrschte Stille. Ich dachte einen Moment lang nach, unschlüssig was ich tun sollte. Schließlich entschloss ich mich die Tür vorsichtig einen Spaltbreit zu öffnen. Günter Löchner saß an seinem Schreibtisch, tief versunken in den Monitor vor ihm. Ein paar Sekunden später erfasste mich sein Radar und er nickte mir kurz und ernst zu. Offensichtlich war er noch nicht mit seiner Arbeit fertig, wollte mich jedoch auch nicht wieder zurückschicken. Schließlich hat man ja ein Meeting.

Während er die letzten Zeilen seiner E-Mail fertig schrieb, überschritt ich die Türschwelle und schaute mich um. Wir befanden uns in einem großzügigen Zimmer mit dunklem Holz als Parkettboden, farbenfrohen Gemälden an den Wänden, einem großen Schreibtisch und einem ergonomischen Stuhl. Ein oval förmiger Tisch mit sieben Stühlen und einem großen Fernseher befand sich in der unmittelbaren Nähe seines Schreibtisches. Hier fanden in der Regel die Meetings statt.

Der Fernseher an der gegenüberliegenden Wand wurde hauptsächlich für Präsentationen, oder auch Videokonferenzen mit Mitarbeitern aus Tunesien verwendet. Günter nahm in solchen Fällen am Kopfende des Tisches Platz, während die übrigen Teilnehmer des Meetings sich ähnlich wie bei Arthurs Tafelrunde zu seiner Linken und Rechten hinsetzten. Ich suchte mir den am nächsten gelegenen Stuhl aus und zog ihn an den oval förmigen Tisch heran. In diesem Moment erhob sich Günter und rief Andreas, als hätte er mich gerade erst bemerkt. Im Gegensatz zu seinem ernsten und ausgesprochen kurzen Nicken, lächelte er nun breit, stapfte energisch auf mich zu und schüttelte mir die Hand.

Günter ist ein Mensch, der nicht gerne Zeit verschwendet. Wenn er spricht, drückt er sich präzise und knapp aus. Er mag es nicht um den heißen Brei herum zu reden. Für einen kurzen Smalltalk fand sich diesmal jedoch trotzdem die Zeit. Er erkundigte sich nach meinen Projekten (ich bin als Projektmanager bei L-mobile tätig), fragte mich ob ich mit der Auslastung zurechtkam, oder ob es irgendwo Schwierigkeiten gäbe und wollte wissen wie es der Familie, insbesondere meinem kleinen Sohn ging. Bereitwillig stand ich Rede und Antwort und musste mich insbesondere als es um meine Familie ging, zügeln nicht zu weit abzuschweifen. Günter hörte mir geduldig zu und fixierte mich dabei aufmerksam mit seinem Blick. Ein paar Minuten später waren alle Neuigkeiten ausgetauscht und ich verstand, dass Günter jetzt bereit war loszulegen. Ich holte tief Luft, ging im Kopf noch einmal meinen Text durch und fing an zu erzählen.

»Die Biographie soll sich vor allem mit dir als Mensch befassen. Der Leser soll die Möglichkeit erhalten hinter die Kulissen zu blicken und Günter Löchner, den Familienmensch, Imker, Sportler, Landwirt und schließlich Unternehmer kennen zu lernen. Dabei möchte ich nicht nur deine Sicht der Ereignisse präsentieren, sondern auch Interviews mit den Personen führen, die dir besonders wichtig sind, oder dich auf deinem Weg geprägt haben. Natürlich spreche ich hierbei nicht nur von Geschäftskollegen, sondern auch von deinen Kindern, alten Freunden und Wegbegleitern. Nicht nur dein Leben, sondern auch deine Erkenntnisse und deine nächsten Ziele sollen einen Platz im Text finden. Schließlich endet deine Reise nicht mit diesem Buch.«

Den ganzen Monolog über hatte mich Günter nicht aus den Augen gelassen, ganz so, als ob er herauslesen wollte, wie ernst mir die ganze Sache war. Als ich verstummte beugte er sich zu mir vor und sagte:

»Zunächst einmal fühle ich mich geschmeichelt, dass du mit solch einem Eifer an das Buch heran gehst. Seit wir das letzte Mal gesprochen haben bist du in deinen Überlegungen offensichtlich ein gutes Stück vorangekommen.« er hielt kurz inne, lächelte schwach und fuhr fort:

»Andreas, du kennst mich inzwischen ein wenig. Ich bin ein Mensch, der sich gerne schnell entscheidet. Ein stabiles Fundament ist für mich allerdings die Basis um gute Entscheidungen treffen zu können. Ich vertraue dir und kann dir daher schon einmal vorab sagen, dass ich mir gut vorstellen kann mit dir gemeinsam eine Biographie zu verwirklichen. Davor habe ich aber noch eine letzte Frage an dich.«

An dieser Stelle machte er wiederum eine kurze Denkpause und wir tauschten die Rollen. Diesmal war ich es, der ihn aufmerksam beobachtete. Heute hatte er ein weißes Hemd an, dazu eine dunkelblaue Jeans und rote Laufschuhe. Den Rücken hielt Günter sehr gerade und nachdenklich fuhr er sich erst über das sauber rasierte Kinn und danach über die verbleibenden sehr kurz geschnittenen grau-weißen Haare.

»Du weißt, ich mag dich. Ein vertrauenswürdiges Team ist für mich immens wichtig. Ein Team auf das ich mich vollkommen verlassen kann. Ich brauche Leute, die keine Scheu davor haben, klar zu adressieren wie sie die Dinge sehen und was sie denken. Wenn wir das Projekt gemeinsam starten, wirst du den Hut aufhaben. Ich habe viel zu viel um die Ohren und kenne mich nicht mit der Schriftstellerei aus. Du musst klare Ansagen treffen und dir die Informationen holen, die du brauchst. Dann bin ich auch gern bereit mir die Zeit für dich zu nehmen. Kann ich mich auf dich verlassen? Traust du dir das zu?«

Da war er, der Moment, der das gesamte Projekt zum Absturz oder zur Freigabe führen würde. Mit möglichst ernstem Gesicht und meinem seriösesten Tonfall erwiderte ich:

»Du kannst dich auf mich verlassen.«

Eine Sekunde verging. Dann noch eine. Für mich fühlte es sich an wie eine kurze Ewigkeit. Und dann, ganz plötzlich entspannte sich Günter und fing breit zu grinsen an.

»Gut. Wann fangen wir an? Sofort?«

Wenn ich damals nur gewusst hätte worauf ich mich eingelassen hatte. Hunderte Stunden an Interviews, knapp tausend Seiten Text, unzählige Telefonate. Herzliches Lachen, ein paar Tränen, Arbeit bis tief in die Nacht. Kurzum - unvergessliche Momente.

Es ging tatsächlich direkt los. So schnell ich konnte versuchte ich mit Günter mitzuhalten, der wie aus der Pistole geschossen zu erzählen begann. Auf meinen Wunsch hin fingen wir mit seiner Kindheit an und arbeiteten uns chronologisch vor, durch seine Schulzeit, Ausbildung, Berufsjahre und Familiengründung, bis hin zur L-mobile, seinem Lebenswerk.

SCHAFFE, SCHAFFE HÄUSLE BAUE

In der ersten Dezemberwoche 2019 erhielt ich eine Mail von Günter. Mittwochabend FaceTime? Postwendend sagte ich dem Anruf zu und bereitete einige Fragen für das Interview vor. Im Vorfeld wuchs der Gedanke in mir heran, dass eine chronologische Aufteilung, beginnend in der Kindheit, am meisten Sinn machte. Schließlich kannte nicht jeder Günter Löchner so gut wie seine engsten Vertrauten. Als der Anruf via FaceTime kam, setzte ich mich aufrecht hin und ging ran. Günter grinste mir entgegen und war offensichtlich ebenso gespannt wie ich. Dieses Mal stach mir zuallererst Günters Umgebung ins Auge. Offensichtlich befand er sich weder in seinem Büro, noch auf seiner Farm. Tatsächlich saß er gemütlich auf einem Sofa, in einer orientalisch angehauchten Wohnung. Sein braungebranntes Gesicht fiel mir als nächstes auf.

»Hallo Günter, wo bist du?« schoss es aus mir heraus und ich erntete ein weiteres verschmitztes Lächeln.

»Nabeul. Es gibt viel zu tun.«, damit war alles klar. Günter war zur allmonatlichen Visite in seinen L-mobile Standort nach Tunesien gereist. Da ihm der persönliche Austausch mit seinen Mitarbeitern am Herzen liegt und er auch unseren Kollegen aus Deutschland die Gelegenheit bieten wollte, sich mehr zu vernetzen, mietete er sogleich dauerhaft eine Wohnung mit drei Gästezimmern an, in der er sich gerade auf einem Sofa sitzend befand.

»Wollen wir gleich loslegen?« ich bejahte und besann mich sogleich auf Günters Ansage, dass ich in unserem Projekt den Hut aufhatte. Ohne viel Umschweife klärte ich ihn über das heutige Thema auf.

»Lass uns heute ein wenig über Familiengeschichte sprechen. Konkret meine ich deine Kindheit, insbesondere die Farm.« nun ist es Günter, der zufrieden lächelte und nickte.

»Soll ich einfach anfangen zu erzählen?« fragte Günter als ich nichts hinzuzufügen hatte.

»Ich bitte darum.«

Daraufhin hielt Günter einen Moment inne, suchte sich eine bequeme Position auf dem Sofa und begann zu erzählen:

Günter Löchners Familie väterlicherseits stammt aus Murrhärle, einem kleinen Dorf mit hundert Einwohnern drei bis vier Kilometer nordwestlich von Murrhardt, einem Städtchen im schwäbischen Wald. Die Geschichte der Löchners reicht weit zurück - ohne Schwierigkeiten lassen sich die letzten einhundertundfünfzig Jahre zurückverfolgen und die lokale Ansässigkeit in Murrhärle belegen. Günters Urgroßvater Reinhold Löchner besaß eine Land- und Forstwirtschaft im schwäbischen Wald. Das Gut umfasste ursprünglich ein sehr großes Gebiet und wurde durch Erbschaften (Erbrecht Teilung) über die Generationen hinweg immer weiter zerkleinert. So konnte sich Günters Urgroßvater Reinhold noch an einen großen Hof erinnern, der mit dem Auge kaum zu fassen war. Doch bereits zwei Generationen

(Reinhold hatte fünf und sein Sohn Karl zehn Kinder) und viele erbliche Teilungen später, übernahm Günters Vater, Günter Eugen Löchner, das Gut und reichte es schließlich an seinen Sohn weiter.

Günters Eltern konnten sich weitestgehend selbst versorgen, was im Murrhärle der 1960er Jahre keine Seltenheit war. So besaß die Familie Kühe, Schweine, Hühner und baute Getreide, Kartoffeln und Rüben an und kümmerten sich auch um die mehreren Waldstücke, die zum Besitz gehörten. Wer jetzt allerdings annimmt, dass die Familie Löchner ein Leben im Überfluss führte, irrt sich. Ganz im Gegenteil. Das tägliche Leben war geprägt von Fleiß, Disziplin und harter Arbeit. Bevor die Sonne aufging, waren die Löchners bereits auf den Beinen und schufteten bis spät abends. Mit der Nachkriegszeit setzte die zunehmende Landflucht auch in Murrhardt ein. Viele Landwirtschaften verkleinerten sich, oder schlossen ganz. Die Gutsherren verkauften ihren Besitz zu geringen Preisen, zogen in die Städte und suchten sich eine Arbeit in der Industrie. Auch Eugen Löchner war dazu gezwungen seine Tätigkeiten dem Zeitgeschehen anzupassen und aus einem Vollerwerbsbetrieb einen landwirtschaftlichen Nebenerwerbsbetrieb (auf dem eigenen Hof) zusätzlich einer Stelle bei Bosch als Staplerfahrer nachzugehen.

Günters Eltern Elsbeth und Eugen Löchner 1981 - Quelle: Günter Löchner Privatarchiv

Günters Mutter Elsbeth stammte aus Hohenstraßen, einem kleinen Dorf in der Nähe von Schwäbisch Hall. Hohenstraßen und Murrhärle trennen sechzehn Kilometer, oder dreißig Minuten mit dem Auto voneinander. In Hohenstraßen besaßen Elsbeths Eltern einen bekannten Gasthof inklusive einer kleinen Landwirtschaft. Wie in ländlichen Regionen üblich lebte der Gasthof von seinen Gästen, die gerne in Form eines Stammtisches auf einen Leberkäs vorbeikamen (der Gasthof wird als der grüne Baum als kleine Gaststätte heute noch betrieben). Darum ist es nicht weiter verwunderlich, dass Eugen Löchner früher oder später auf seine Elsbeth traf. Als sie schließlich 1957 heirateten, war Eugen mit seinen dreiunddreißig Jahren bereits verhältnismäßig spät dran. Nach der Hochzeit verließ Elsbeth Hohenstraßen und zog zu Eugen nach Murrhärle in das 1907 erbaute Elternhaus.

Die frühen Ehejahre waren geprägt von harter Arbeit und der Erziehung der Kinder. Günter (geb. 1959) und seine Schwester Hannelore (geb. 1961) nahmen Elsbeths Aufmerksamkeit zusätzlich zu der ganzen landwirtschaftlichen Arbeit voll in Beschlag. Von klein auf war es den Eltern wichtig den Wert von Arbeit zu vermitteln. Dabei schrieben sie sich vor allem das Motto Vorbild führt auf die Fahnen und nahmen die Kinder überallhin mit. Häufige Besuche im Wald stellten eher die Norm, als die Ausnahme dar. Günter wuchs mitten im Grünen auf und empfand seit jeher eine große Liebe und Verbundenheit zur Natur.

An dieser Stelle im Gespräch konnte ich mir die Farm bereits lebhaft vorstellen. Es fehlte nicht mehr viel und ich hätte die frische Luft eingeatmet, mich aufs Gras geworfen und den Sonnenuntergang beobachtet.

»Welcher Geruch erinnert dich an deine Kindheit?« die Worte kamen, während ich träumerisch den imaginären Wald betrachtete - eigentlich schaute ich auf mein Word Dokument. Günter schmunzelte und erklärte feierlich:

Frisch gesägte Eiche, oder Sägemehl im Allgemeinen.

Die ersten Lebensjahre waren von vielen Aktivitäten auf dem Hof geprägt. Zu Günters frühesten Erinnerungen zählte der große Wald in dem er mit seinem Vater arbeitete und lange Spaziergänge machte, das frühe Aufstehen, die Versorgung der Tiere und die Tatsache, dass er den Hof fast nie verließ. Als Selbstversorger gab es kaum einen Grund dazu. Einen Kindergarten besuchte Günter nicht. Der Hof war seine Krippe.

In den 1960ern haben sich Günters Eltern darauf fokussiert im wahrsten Sinne des Wortes zu ackern. Aus heutiger Sicht beschreibt Günter die Arbeitseinstellung seiner Eltern wie folgt:

Meine gesamte Familie war überaus arbeitsam, hat aber nicht immer wirtschaftlich intelligent gehandelt und sich dadurch einiges an unnötiger Arbeit aufgehalst.

Elternhaus in Murrhärle 1959 - Quelle: Günter Löchner
Privatarchiv

Günter 1960 - Quelle: Günter Löchner Privatarchiv

Gearbeitet wurde an sieben Tagen in der Woche, so etwas wie Urlaub gab es nicht. Einzig für die Kinder gab es Abwechslung. In den Ferien sind sie immer nach Hohenstraßen zu Hedwig und Hermann (Elsbeths Geschwistern) gefahren und haben dort zwar auch mitgeholfen, im direkten Vergleich zur Landwirtschaft ging es allerdings entspannter zu.

Heute umfasst die Löchner-Farm acht Hektar Feld, Wiese und Acker, sowie zwölf Hektar Wald. Zu Zeiten von Günters Eltern wurde noch im Mischbetrieb gearbeitet. Sowohl Milch- und Mastvieh, Schweine, Hühner, Ackerbau mit Kartoffeln und natürlich der Wald standen an der Tagesordnung. Viel hat dies jedoch nicht eingebracht - es reichte nur zum Selbstversorgen.

Die Arbeit auf dem Hof hat Günter für sein Leben geprägt:

Ich habe mein Leben lang bei meinen Eltern mitgeholfen. An vielen Abenden stand ich bis dreiundzwanzig Uhr draußen auf dem Acker und hatte das Ziel die Landwirtschaft groß zu machen. Ich war voller Tatendrang und mit Hingabe bei der Sache. Mein Vater wollte die Farm aber so lassen wie sie war. Er wollte kein Risiko eingehen, keine Veränderung vorantreiben und bloß nicht auffallen. Dagegen kam ich in jungen Jahren nicht an und es hat mich schließlich für einige Jahre fortgetrieben.

Es gab immer viel zu tun. Aus heutiger Sicht elementare Dinge erforderten großen Aufwand. So gab es beispielsweise keine Wasserversorgung im Haus. Ein Trog im Stall diente als Wasserquelle für den täglichen Bedarf. Mehrmals täglich wurde Wasser geschöpft zum Kochen, zur Hygiene, Wäsche und vor allem zur Versorgung der Tiere.

Den Hof verließ Günter erst mit der Einschulung. Die Schule in Murrhärle bestand aus einem einzigen Raum. Eine

Schiefertafel und einen Schwamm brachte man selbst von zu Hause mit. Alle vier Klassen der Schule wurden in diesem Zimmer unterrichtet. Sich zu konzentrieren fiel dementsprechend schwer.

Die vielen Kinder auf engem Raum waren ungewohnt für Günter, der an übermäßig Platz und viel Natur gewohnt war. Der Sportplatz, der aus einer großen Wiese bestand, wurde daher sein Lieblingsort. Für den Sportunterricht stand eine sieben Meter hohe Stange bereit, an der sich jeder Schüler hochzuziehen hatte. Je schneller man es schaffte bis ganz oben zu klettern und anzuschlagen, desto besser. Jeder der Erfolg hatte, erhielt ein kleines Stück Schokolade (zwei Rippchen Ritter Sport). Die Süßigkeit stellte für Günter eine große Motivation dar und er zögerte nie für ein weiteres Stück die schwersten sportlichen Herausforderungen auf sich zu nehmen.

Als Günter acht Jahre alt war, wechselte er im Zuge der Schulreform nach Murrhardt auf die Schule. Damals gab es zwei Kurzschuljahre, sodass Günter letztlich ein Jahr früher mit der Schule fertig wurde. In Murrhardt sah sich Günter auf einmal achtundfünfzig Kinder in einem Klassenzimmer gegenüber. Bis er zwölf Jahre alt war, hielt sich Günter in der Menge bedeckt. Er war ein durchschnittlicher Schüler, der die wichtigsten Aufgaben für die Schule erledigte, darüber hinaus jedoch lieber den Eltern auf dem Hof half, als über seinen Büchern zu brüten. So kam es, dass Günter mit zwölf Jahren auf die Hauptschule in Murrhardt kam. Das Gymnasium war etwas Unnahbares, dass konnten sich damals weder er, noch seine Eltern für ihn vorstellen.

Auf der weiterführenden Schule hängte er sich rein und gab sich sehr viel Mühe. Die Hintergründe dafür lagen in mehreren Bezugspersonen, die Günter gezielt förderten und auf seine Stärken aufmerksam machten. Allen voran seine

Lehrer Herr Frank und Herr Blankenhorn. Herr Frank war Günters Lehrer in der fünften und sechsten Klasse, Herr Blankenhorn in der siebten, achten und neunten Klasse. Mit Dankbarkeit erinnert sich Günter:

Ich kam vom Land, vom Bauernhof, habe vorher nichts von der Welt gesehen und habe auch immer etwas Zeit gebraucht, bis ich in der Welt zurechtkam. Herr Frank hat mich an die Hand genommen. Ich war orientierungslos und Herr Frank war wie eine Leitfigur. Er hat mich motiviert, mir das Gefühl gegeben etwas leisten zu können und ich habe mich seitdem bemüht meinen Notendurchschnitt zu steigern, Prüfungen gut zu absolvieren und mein Bestes zu geben. Am Anfang war es natürlich schwierig, aber nach und nach habe ich begriffen wie das System Schule funktioniert und habe mich durch gemausert. Diese Eigenschaft zeichnet mich auch heute noch aus, ich bekomme etwas Wirres vorgelegt und muss dann schauen wie ich vorankomme und eine Lösung dafür finden.

Freundschaften zu schließen fiel Günter schwer. Durch die Tatsache, dass er nach der Schule direkt auf dem Hof arbeitete und auch kein Geld für ein cooles Mofa oder Fahrrad zur Hand hatte, blieb er eher ein Einzelgänger. In der Schule gab es viele Mitschüler, die sich besser in Szene setzen konnten. Mit den Jahren besserte sich die Situation allmählich und er kam mehr aus sich heraus.

Wenn Günter von der Schule nach Hause kam, wurde er direkt zur Arbeit gerufen. Ob es anstrengend war? Natürlich! Dafür lernte er aber auch viel Handwerkliches und stellte fest, dass er hierbei eine ganz natürliche Begabung mitbrachte.

So betonierte er mit zwölf Jahren eine fünfzig Meter lange Mauer für die Einfassung des Gartens seiner Mutter und hatte großen Spaß dabei. Zu seinem liebsten Fächern zählten Werken, Mathematik, Geographie und Wirtschaft. Doch die

Hauptschule währte nur kurz und nach seinem Abschluss fragte er sich - wo sollte es einmal für ihn hingehen?

Der erste Impuls war das Handwerk. Sicherlich würde es ihm gelingen nach seinem Gesellen, noch einen Meister zu machen. Andererseits war es auch verlockend in die Wirtschaft zu gehen und einen kaufmännischen Beruf zu erlernen. Dafür würde er die Schulbank allerdings noch etwas länger drücken müssen. Nach einiger Überlegung folgte auf die Hauptschule der Realschulabschluss bei einer großen Wirtschaftsschule in Backnang. Alles war größer und irgendwie besser. Hier blühte Günter regelrecht auf, genoss die Freiräume fernab von zu Hause und kundschaftete die Welt aus. Und endlich fand er auch unter den neuen Mitschülern ein paar treue Wegbegleiter. Besonders in den Fächern Handwerk & Werken, sowie Mathematik und Geometrie war er gut. Nicht zuletzt deswegen überlegte er für eine kurze Zeit, ob er sich nicht als technischer Zeichner versuchen sollte - in der Schule gab es immer wieder Lob für seine Zeichnungen und sein räumliches Vorstellungsvermögen.

Die guten Noten eröffneten ihm den Weg für einen kaufmännischen Beruf. Er war jetzt fünfzehn und auf einmal war die Frage Industriekaufmann oder Bankkaufmann die wichtigste in seinem Leben. Nach einigem hin und her, sowie einem Praktikum bei der Raiffeisenbank als Bankkaufmann, entschied er sich für eine Ausbildung als Industriekaufmann und bewarb sich initiativ bei fünf Firmen, die lokal ansässig waren. Allein der Bewerbungsprozess stellte eine große Herausforderung dar. Weder Günters Eltern, noch seine Bekannten und Freunde konnten ihm dabei zur Seite stehen. Letztlich blieb ihm nichts anderes übrig, als sich selbst zu informieren was alles in eine Bewerbung gehörte und sich nach und nach eine Bewerbungsmappe zusammenzustellen, die präsentabel war. Die Tatsache, dass seine Eltern ihn dabei nicht unterstützen konnten machte ihm nicht viel aus, er war es inzwischen gewohnt sich selbst durchzuschlagen. Stattdessen versuchte er mitzunehmen, was seine Eltern besonders gut verinnerlicht hatten: Fleiß und Disziplin. Schließlich erhielt er eine Zusage von der Lederfabrik Schweizer in Murrhardt. Einem Betrieb mit zweihundert Mitarbeitern. Am Ende ging er mit fünfzehn Jahren allein zur Unterschrift für seinen ersten Arbeitsvertrag, dem Ausbildungsvertrag.

Die anfängliche Freude wich allerdings schnell der Ernüchterung. Seine Zeit bei der Lederfabrik Schweizer hat Günter nämlich alles andere als schön in Erinnerung. Für alle möglichen Tätigkeiten wurde er eingesetzt, nur nicht dafür, wofür er angetreten war. Doch die Ausbildung hatte auch ihre guten Seiten: So erlebte und verspürte Günter zum ersten Mal die Freiheit auf eigenen Beinen stehen zu können. Mit dem Zug reisen, dorthin zu fahren, wo es ihn hinzog, auf Erkundungstour durch Backnang, Stuttgart und andere Städte in der Region zu gehen - das war eine Reizflut, die Günter die Augen für die große weite Welt eröffneten.

Aufgrund seiner schnellen Auffassungsgabe und charmanten Auftretens (Günter bezeichnete sich selbst schmunzelnd als frech), fiel ihm der Start leicht und die zwei Ausbildungsjahre vergingen wie im Flug. Mit achtzehn war er fertig und hatte seine Ausbildung zum Industriekaufmann in der Tasche.

Jetzt begann eine neue, aufregende Zeit für Günter. Warum? Einerseits konnte er dank seiner ersten Festanstellung von zu Hause ausziehen und andererseits war Günter zum ersten Mal verliebt. Renate, seine spätere Frau und damalige Freundin, zog mit ihm in die erste eigene Wohnung in Murrhardt. Renate war mit siebzehn ein Jahr jünger als Günter und pflegte wie sich wie auch Günter im Hippie Look zu zeigen. Das Paar war sehr verliebt und ein Produkt der damaligen Zeit. Nickelbrille, lockige Haare, Birkenstock Schuhe, Afrolook. Günter lachte als er mir das erzählte und in seiner Stimme schwang ein Hauch von Nostalgie mit.

Günter 1977 - Quelle: Günter Löchner Privatarchiv

Günter mit Afro 1977 - Quelle: Günter Löchner Privatarchiv

»Unsere Wohnung statteten wir mit Jaffa-Möbeln aus.«
erzählte Günter lebhaft weiter und wollte schon weiter
machen, als ich ihn unterbrach.

»Was sind Jaffa Möbel?« fragte ich verwirrt. Günter riss
erstaunt die Augen auf.

»Wer sich keine Möbel leisten konnte, ging zum Markt und
fragte nach nicht mehr benötigten Obstkisten. Die Kisten
gehörten der Firma Jaffa aus Israel, die damit ihr Obst
transportierte. Aus den Kisten entstanden dann durch ein
wenig Kreativität und Farbe die verschiedensten Möbel. Heute
würde so etwas wahrscheinlich als Designerstück durchgehen
und eine Menge Geld kosten, doch damals galt man als arm,
wenn man Jaffa-Möbel zu Hause hatte.«

Günter und Renate schien das arm sein jedoch nichts
auszumachen. Sie waren sogar ganz stolz auf ihre eigene
Bleibe. Die Einrichtung selbst auswählen zu können, auch

wenn es sich hierbei um Jaffa-Möbel handelte, war der tagtägliche visuelle Beweis für ihren Befreiungsschlag aus dem Elternhaus.

Gleichzeitig verbesserte sich das Verhältnis mit den Eltern als Günter auszog. Man saß sich nicht mehr gegenseitig auf dem Kopf und jeder Besuch bekamen eine ganz eigene, besondere Bedeutung. Die gemeinsame Zeit wurde auf eine andere Weise genutzt und als endlich betrachtet. Wenn es einem zu viel wurde, konnte jeder zurück in sein eigenes zu Hause fahren. Günter war häufig bei seinen Eltern und half oft nach der eigenen Arbeit auf dem Hof mit.

Während Renate noch voll mit der Ausbildung beschäftigt war, reiften in dem jungen Paar bereits detaillierte Pläne über die Zukunft heran. Typisch für Günter waren diese ambitioniert, zugleich aber auch sehr romantisch. Sie wollten sich ein eigenes glückliches zu Hause schaffen. Etwas das Renate und Günter bei ihren Eltern vermisst hatten. Der Wunsch nach einer eigenen Familie, einer heilen Welt in Unabhängigkeit, einem Eigenheim und einem festen Stand auf zwei Beinen erfüllte das junge Paar mit romantischem Wunschdenken und hoher Motivation.

Die erste große Ausgabe ließ daher nicht lange auf sich warten. Kaum hatte Günter etwas von seinem Gehalt weggespart, kaufte er sich einen alten VW-Käfer. Rückblickend betrachtet war das Auto der pure Schrott - bereits der dritte Austauschmotor war darin verbaut, der Wagen ruckelte furchtbar und wahrscheinlich war Günter der Einzige, der das Gefährt problemlos fahren konnte, aber das Paar war sogleich begeistert und bis über beide Ohren verliebt. Als Günter mit dem Auto jedoch bei seinen Eltern ankam, war ihnen das so peinlich, dass sie Günter ihren zehn Jahre alten NSU Prinz 1000 vermachten. Später kaufte sich Günter dann auf die Empfehlung seines Schwagers hin einen Citroen.

Ganz nach den Gewohnheiten die Günter während der ersten achtzehn Jahre seines Lebens entwickelte hatte, bestand auch im neuen Lebenskapitel als Erwachsener das Ziel fort, sich selbst versorgen zu können. Natürlich passte das auch mit Günters damaliger Hippie Mentalität zusammen. Atomkraft - nein danke und alles möglichst Bio waren selbstverständliche Dinge. Fast sofort nach dem Arbeitseinstieg fing das junge Paar an zu suchen, um sich den Wunsch des Eigenheims zu erfüllen.

Nach langem Suchen wurde das Paar fündig und erhielt kurz darauf eine Finanzierung zugesichert. Das erste gemeinsame Haus stand in Nördlingen und war eine riesige Dummheit, wie Günter heute sagt. Er war neunzehn und das Haus kostete knapp 57.000 DM. Von außen sah das Gebäude nett aus, war jedoch schwer baufällig und von innen mehr kaputt als stabil. Kaum dass der Kredit aufgenommen und die erste Rate bezahlt war, wurde ihnen klar, dass sie einen Fehler gemacht hatten. Doch anstatt zurück zu treten und eine Rückabwicklung, ein Gerichtsverfahren oder ähnliches zu fordern, biss sich Günter durch. An harte Arbeit war er bereits lange gewohnt und dass das Leben nicht immer fair war ebenfalls.

Von nun an fuhr Günter gleich samstags um vier Uhr morgens die rund achtzig Kilometer nach Nördlingen und schuftete an den Wochenenden sechzehn Stunden durch, bevor er sich auf den Heimweg machte. Egal welches Wetter, die Freizeit wurde komplett auf der Baustelle verbracht. Obwohl Günter im Nachhinein sagen kann, dass er an der Aufgabe gewachsen ist, war es ein schreckliches Erlebnis. Beim ersten großen selbstständigen Geschäft übers Ohr gehauen zu werden, ist ein großer Dämpfer für das Ego. In Summe investierten Günter und Renate, unterstützt von seinem Schwiegervater Herbert vier Jahre und viertausend

Arbeitsstunden, um das Haus wiederherzurichten und bewohnbar zu machen. Herbert, der sich das Handwerken autodidaktisch beigebracht hatte, blieb eine wichtige Hilfe über den ganzen Zeitraum der Instandsetzung. An der Restaurierung war kein offizieller Handwerker beteiligt, bis auf den Einsatz der Wasseruhr. Dies aber auch nur, weil man dafür Handwerker sein musste.

Als das Haus dann endlich fertig war, hat es Günter direkt für 250.000 DM verkauft. Auf den ersten Blick ein gutes Geschäft, wenn man einmal die unzähligen Arbeitsstunden und die Kosten für das Material weglässt.

Hochzeit 1981 - Quelle: Günter Löchner Privatarchiv

Günter arbeitet an seinem ersten Haus 1978 - Quelle: Günter
Löchner Privatarchiv

»Warum seid ihr nicht in dem Haus wohnen geblieben?«
Das war eine Frage, die Günter stoppen ließ. Er dachte einen
Moment darüber nach und sagte dann:

»Ich glaube, der Grund dafür liegt in meiner Heimat
Murrhärle. Meine Eltern wurden älter und langsam stellte sich
die Frage, wer die Farm einmal übernehmen und weiterführen
sollte. Zuerst sahen Renate und ich unsere Zukunft nicht auf
dem Hof, doch als das Haus in Nördlingen fertig wurde,
versuchten wir uns zu beantworten, was wir uns wirklich vom
Leben wünschten. War es die Freiheit und Unabhängigkeit vor
den Eltern? Oder hatten wir uns in den Jahren als Städter die
Hörner abgestoßen und festgestellt, dass wir im Grunde
unseres Herzens die Natur zum Atmen brauchen?«

Somit entschloss sich die junge Familie (1983 ist ihr Sohn Pascal, 1984 David auf die Welt gekommen) 1985 zurück auf die Farm zu ziehen und dort ein Haus zu bauen. Es handelte sich hierbei um ein sogenanntes Ausdinghaus (Bezeichnung in Baden-Württemberg), einen Anbau, oder ein Nebenhaus auf einem Hof. Denn dies war das Einzige was in Murrhärle gebaut werden durfte. Das Holz für das Ausdinghaus (welches letztlich ein Holzfachwerkhaus wurde) stammte aus dem eigenen Wald, wurde selbst gefällt und komplett selbst gebaut.

Wie romantisch, dass Günter es tatsächlich geschafft hatte sich als Hippie mit dem Baumaterial des Hauses selbst zu versorgen. Am Haus wurde über den Zeitraum von zweieinhalb Jahren jeden Tag gearbeitet und diese Zeit ist Günter in sehr positiver Erinnerung geblieben:

Ich wachte früh auf, arbeitete zehn Stunden in Fellbach (bei Stuttgart) und fuhr dann nach Hause, um ab neunzehn Uhr bis nachts um eins am Haus zu bauen. Dafür besorgte ich mir sogar Scheinwerfer, damit ich in der Dunkelheit uneingeschränkt weiterarbeiten konnte.

Die Liebe zum Hausbau kam Günter schon mit zwölf Jahren, als er Handwerkern auf dem Hof helfen durfte und für seine geschickte Arbeit aufrichtiges Lob erhielt. Er hat bereits über ein Dutzend Häuser gebaut (nicht nur privat, sondern auch geschäftlich) und hat bis heute Spaß daran.

Obwohl die Arbeit sehr viel Anstrengung erforderte, war Günter glücklich. Schon immer wollte er etwas Eigenes aufbauen. Aus Liebe zum Gehöft und der Landwirtschaft ist er wieder auf die Farm zurückgekehrt - aber auch den Wunsch seinen Kindern dieselben Erfahrungen bieten zu können, wie er sie selbst erlebt hatte - an der frischen Luft, in der Natur - wollte er gerne verwirklichen.

Um 1987 hatte Günter die Landwirtschaft von Vater Eugen dann komplett übernommen und eine Neuorientierung angestoßen. Von allem ein bisschen zu haben, hat keinen Sinn mehr gemacht. Rüben, Schweine und Korn mussten zugunsten von Weidebetrieb weichen. Die gesamte Farm wurde auf Angus Rinder Mutterkuhhaltung umgestellt, Zäune gezogen und eine Wasserversorgung auf der Weide angelegt. Vierundzwanzig Jahre lang behielt Günter die Angus Mutterkuhhaltung bei. Während die Rinder auf der Weide waren, wurde im Sommer Heu und Silage vorbereitet, welches bei der Winterfütterung zum Einsatz kam. Zusätzlich wurde noch Stroh von anderen Bauern gekauft als Einstreu für die Rinder. Jedes Jahr wurden zehn Rinder geschlachtet, von Otto, einem befreundeten Schlächter zerlegt, verarbeitet und als Rouladen, Gulasch, Steak und Knochen verkauft. Allein das Schlachten mit den Rindern nahm sieben komplette Wochenenden zwischen Oktober und April eines jeden Jahres ein. Dafür war alles Direktvermarktung.

Am Anfang hat Eugen viel mitgeholfen und arbeitete mehrmals täglich im Anbindestall. Nachdem Eugen verstorben war, hat Günter noch einmal richtig investiert und die Anzahl der Rinder auf dreißig erhöht, zusätzliche Flächen gepachtet und neue Geräte gekauft.

Alles in allem war die Zeit nach der Rückkehr auf der Farm glücklich, aber auch reich an Entbehrungen. Besonders in den ersten Jahren galt es selbst Hand anzulegen und zugunsten des Traums Unternehmer, Landwirt und Familienvater zugleich zu sein, vor allem auf Schlaf zu verzichten. Lange Weggefährten berichten immer wieder vergnügt wie Günter es seit jeher schafft, immer und überall für einen kurzen Powernap einzuschlafen.

Mit der Zeit konnten dann viele Aktivitäten durch die Anschaffung von Geräten automatisiert werden.

1987 wurde schließlich Lukas geboren. Mit seinen zwei Brüdern Pascal und David waren sie zu dritt und machten die Farm unsicher. Zeitgleich beschloss Günter sich einen weiteren Traum zu erfüllen und eine große Anschaffung zu leisten - gemeinsam mit Pascal und David fuhr er auf die Agritechnica (die weltweit größte agrartechnische Fachmesse seit 1985) und kaufte einen großen Traktor, einen 80 PS Valmet. Mit dem neuen Gefährt ging die Arbeit schneller von der Hand und die Kinder waren schwer begeistert.

Es war immer ein großer Traum für mich und die Kinder auf einem Traktor zu sitzen und in der Natur zu sein.

Bis zu Günters fünfzigsten Lebensjahr, blieb er nebenbei Landwirt. Besonders in Erinnerung geblieben sind Günter die riesigen Stürme. Der Orkan Wiebke vom 28.02.1990 - 01.03.1990 verursachte einen immensen Schaden auf der Farm. Nach dem Orkan hat er mit Pascal und David wieder alles herrichten müssen. Charakteristisch ist hierbei Günters Art mit der Krise umzugehen: Während viele verzweifelten, sah er den Sturm als eine Chance seine Farm auszubauen. So wurde ein großer Freilaufstall errichtet, der bis heute symbolischen Charakter für Günter hat - als Beweis, dass man durch intensiven Kraftaufwand (sechzehn Stunden Arbeitstage) jeder Herausforderung etwas abgewinnen kann.

Der Orkan Lothar vom 26.12.1999 zerstörte wiederum massig Waldfläche. Das zerstörte Holz musste in mühevoller Arbeit mit Motorsägen aufgearbeitet und im Sägewerk verarbeitet werden. Da es im Verkauf kaum noch einen Restwert hatte, nutzte Günter die Überreste um einen Tiefstreustall (fünfzehn mal fünfzehn Meter) zu bauen, in dem seine Rinder frei herumlaufen konnten. Zwischen Oktober und April wurden große Rundballen aus Heu und Silage darin eingesetzt, von denen die Rinder zehrten.

Vor allem zur Zeit der Heuernte mussten Überstunden geschoben werden. Günter war aus Erfahrung bewusst, dass das Heu zu bestimmten Zeitpunkten geerntet werden musste und konnte so seine Arbeit auf der Farm zusätzlich zu seiner Tätigkeit als Unternehmer rechtzeitig einplanen.

Was er allerdings nicht kalkulieren konnte, war das Verhalten seiner Kühe, die ihm immer wieder einen Strich durch die berufliche Rechnung machten.

Kaum, dass er im Dreiteiler in seinem Büro in Sulzbach an der Murr einen wichtigen Kundentermin begann, klopfte auch schon seine Sekretärin an die Tür und übermittelte die dringende Nachricht, dass die Kühe mal wieder ausgebrochen waren. Günter blieb keine andere Alternative als seine Kunden auf einen späteren Zeitpunkt zu vertrösten, im Eiltempo zurück auf die Farm zu rasen, sich in Gummistiefel und Arbeitsklamotten zu werfen, entlaufene Kühe wieder einzufangen, schnell zu duschen, in den Dreiteiler zu schlüpfen und ins Büro zu eilen um den Termin fortzuführen.

»Dieses Spiel machte ich über lange Jahre mit, aber schließlich gab es auch bei mir einen kritischen Punkt an dem das Maß voll war: 2009 setzte zu hoch gewachsenes Gras einen Elektrozaun außer Betrieb und bot meinen Tieren die Gelegenheit zur Flucht.«

»Bei dir waren somit mal wieder die Kühe los?« schmunzelte ich und wartete auf Günters Reaktion.

Er nahm die Frage mit Humor und lachte. »Richtig. Als ich auf der Farm ankam, befanden sie sich beim benachbarten Landwirt im Feuerlöschteich, standen auf ihren Hinterbeinen und hatten eine grüne Mütze aus Algen auf dem Kopf. Das

Gras beim Nachbarn war natürlich viel grüner als bei mir! Das war der Moment als ich begriff, dass es Zeit wurde zumindest die Kühe aufzugeben.«

Somit leiteten die Kühe Günters ganz persönliche Perestroika ein und waren der Anlass für eine Reihe von Umstrukturierungen auf der Farm.

Heute sind die Ländereien verpachtet. Günter ist glücklich über die Erfahrungen auf dem Hof, insbesondere weil seine Kinder gelernt haben, was harte Arbeit bedeutet und eine enge Verbindung zur Natur entwickelt haben. Außerdem ist der Ausblick hervorragend und die Sonnenuntergänge sind unbeschreiblich schön.

Zweiter Hausbau in Murrhärle 1987 – Quelle: Günter Löchner
Privatarchiv

Fertiges Haus in Murrhärle 1987 - Quelle: Günter Löchner

In den letzten Jahren kehrten erst Pascal, dann David und schließlich Lukas mit ihren Familien auf die Farm zurück und bauten zusammen mit Günter eigene Wohnungen wo früher Ställe waren.

Es war mir immer sehr wichtig meinen Söhnen zu helfen und so habe ich für jeden von ihnen Wohnungen mit ihnen gebaut. Pascal war der erste und wir packten zusammen an, später kamen noch David und Lukas hinzu, ich stiftete das Material, aber wir arbeiteten gemeinsam daran. Meine Kinder auf dem Hof alle zusammen zu sehen, hat für mich eine große emotionale Bedeutung.

Darüber hinaus ist die Farm nicht nur Wohnsitz, sondern auch Arbeitsplatz geworden. So hat sich David eine Werkstatt mit Hebebühne und allen notwendigen Maschinen eingerichtet. Mit und durch Günter hat er die art in Wood gegründet, sein eigenes Unternehmen, dass sich mit der Fertigung von Holzobjekten, Holzspielzeug und Holzkunst, der Durchführung von Reparaturen, Montage, Dienstleistungen und dem Handel mit Holz- und Metallwaren beschäftigt. Günter berichtet stolz:

David hat sich alles autodidaktisch angeeignet und arbeitet heute sehr präzise.

Im Rahmen der L-mobile arbeiten Vater und Sohn nun gemeinsam am Ausbau und der Ausgestaltung bestehender und neuer Firmengebäude.

Die Farm ist Günters Spielplatz, wenn es um die Verwirklichung seiner Vorlieben und Hobbys geht. So bietet das Gut auch Raum für seine wohl größte Leidenschaft, abseits der L-mobile. Der Imkerei.

1987 Günter mit Pascal, David und Lukas - Quelle: Günter Löchner
Privatarchiv

2007 Günter mit Pascal, David und Lukas - Quelle: Günter Löchner

VATER VON DREI SÖHNEN

Günters Leben auf der Farm wäre nicht dasselbe, wenn er nicht in Gesellschaft von seinen drei Söhnen gewesen wäre. Zu Pascal, David und Lukas pflegt Günter heute eine engere Beziehung als je zuvor. Es ist ihm gelungen, jedem seiner Kinder über L-mobile eine Plattform zu schaffen, durch die sie sich verwirklichen können. Pascal ist als zweiter Geschäftsführer und Vertriebsleiter tätig, David hat sich nach einiger Zeit als Mechaniker und Servicetechniker dazu entschieden Schreiner zu werden und hat bei L-mobile seinen größten Kunden gefunden. Die Fußböden, Möbel und Inneneinrichtung der neuen Bürogebäude sind zum Großteil über Davids Schreinerei entstanden. Lukas verwirklicht sich als Koch und leitet die Kantine der L-mobile. Somit sieht sich die Familie tagtäglich.

Günter ist es besonders wichtig, dass seine Kinder ihren eigenen Weg gehen, eigene Erfahrungen und vor allem eigene Fehler machen. Er möchte sie weniger beschenken, als ihnen dabei behilflich zu sein und mit ihnen gemeinsam den Weg zu ebnen, den sie selbst gehen möchten. Er steht ihnen als Mentor zur Seite und bietet stets ein offenes Ohr an, möchte dafür aber auch wie bei seinen Mitarbeitern Bereitschaft und Fleiß sehen. Natürlich freut er sich auch darüber seinen Kindern etwas Gutes tun zu können, bleibt jedoch am liebsten als Coach im Hintergrund.

Mein Ziel ist es meine Kinder in Ihrer Entwicklung zu begleiten und Ihnen auf diese Art und Weise zu helfen. Ich will Ihnen nichts vorschreiben und auch nicht reinreden.

Heute leben alle drei Söhne mit ihren Familien auf der Farm zusammen und pflegen einen engen Zusammenhalt. Pascal, David und Lukas haben wiederum selbst eigene Kinder, die in Ruhe auf der Farm aufwachsen können. Günter würde gerne mehr Zeit mit seinen Enkeln verbringen und setzt sich jedes Jahr aufs Neue das Ziel daran zu arbeiten. Auf diese Weise entstanden traditionelle Ausflüge und Urlaube, bei denen Günter und Moni gemeinsam mit den Enkeln in den Zoo gehen, oder zum Camping fahren. Das Highlight bildet der jährliche Kinderurlaub mit den Großeltern. Wie auch bei seinen Kindern hat Günter den Wunsch, dass seine Enkel glücklich sind, wissen was sie mit ihrem Leben anfangen möchten und sie dabei begleiten, wenn es für sie Sinn macht. Genauso hat er es auch bei seinen eigenen Kindern getan.

Lassen wir sie selbst zu Wort kommen:

Pascal, Günters ältester Sohn, sieht seinem Vater genau wie David und Lukas sehr ähnlich. Die Statur, das offene Lächeln und das energische Auftreten sind zum Verwechseln ähnlich. In unserem Interview ist er gewohnt locker und bestimmt. Es macht Spaß mit ihm zu sprechen, da er sich selbst nicht allzu ernst nimmt und eine gesunde Portion Humor in das Gespräch mitgebracht hat.

»Wie war es als Kind auf einer Farm aufzuwachsen?«

»Ich hatte an meine Kindheit lange Zeit nur vage Gedanken, seit ich selbst Kinder habe, kommen die Erinnerungen aber mehr und mehr hoch. Wie du weißt, bin auf dem Bauernhof groß geworden, da war ich vier oder fünf. Es war ein Abenteuerspielplatz, man konnte einfach raus und die Welt erkunden, zwischen Kühen, Wiesen und Wäldern. Zu meinen frühesten Erinnerungen zählt der Hausbau auf der Farm. David und ich sind damals durch das gerade erst ausgehobene Fundament gerannt und Günter hat versucht uns einzufangen. Ich habe immer viel gelacht, war frech, aufgeweckt und vor allem neugierig ohne Ende. Günter hat immer versucht meine Neugier zu befriedigen, indem er viel mit uns gebastelt und gebaut hat. Ich weiß noch, wie wir zusammen Holzfiguren gebastelt haben. Als im Kindergarten ein Baum umfiel, hat Günter daraus ein Baumhaus gemacht und wir durften ihm dabei helfen. David ist nur ein Jahr jünger als ich und war mein bester Freund. Wir haben viel miteinander gespielt und gestritten, waren zusammen auf Entdeckungstour und haben in späteren Jahren auch Lukas geärgert. Er ist vier Jahre jünger als ich und deshalb sollten wir eher auf ihn aufpassen, als mit ihm zu spielen. Meine ganze Kindheit hindurch habe ich Eindrücke gesammelt und wenn ich mich heute daran erinnern soll, fällt mir ganz besonders der Geruch von frisch geschnittenem Gras und Holz ein. Vor allem wenn das Gras gemäht und im Anschluss aufgeladen wurde. Es wurde dann rübergebracht in den Stall und währenddessen saßen David und ich hinten auf dem Anhänger und der Grasgeruch stieg uns in die Nase.

Als ich ins Teenageralter kam, änderte sich einiges. Günter war dabei mit Infor große Erfolge zu erzielen und musste dafür im privaten Rahmen einige Opfer bringen. Er hat unglaublich viel gearbeitet und es gab Zeiten, als wir ihn kaum zu Gesicht bekamen. Meine Mutter war mit drei rebellierenden Söhnen überfordert. Wir haben schon das ein oder andere Problem produziert. Um dem Ganzen den Hut aufzusetzen, sind David und ich dann noch Punker geworden! Damit begann für uns eine überaus turbulente Zeit, wir haben viel erlebt und wir haben viel Blödsinn gemacht, von dem meine Eltern auch heute noch nichts wissen.

Aus heutiger Sicht war es eine Zeit großer Verwirrung für uns. Auf der einen Seite waren wir mit einer Mentalität aufgewachsen, die auf Fleiß und harter Arbeit beruhte, auf der anderen Seite waren wir fasziniert vom Punk, der das genaue Gegenteil propagierte - arbeitslos und Spaß dabei, die pure Anarchie. Auf einmal war es langweilig mit Nicht-Punkern Zeit zu verbringen und ich weiß noch genau, wie ich die bunten Haare total beeindruckend fand. Punker waren einfach gegen alles und irgendwie hat das David und mir ganz gut gefallen.«

»Wie hat Günter reagiert, als ihr Punker wurdet?«

»Das weiß ich bis heute nicht, ich kann nur Vermutungen anstellen. Ich glaube gut fand er es nicht, da sein ganzes Leben das Gegenteil vom Punk repräsentiert. Andererseits weiß er genau wie es ist einen strengen Vater zu haben und wollte uns unseren Willen lassen. Für uns war damals beispielsweise unklar wie man so viel arbeiten konnte, aber wir haben ihn dafür respektiert. Es gab nie ein Streitgespräch und vielleicht war das auch der Grund dafür, dass wir den Punk nach einiger Zeit wieder bleiben ließen. Macht ja keinen Spaß, wenn keiner sich darüber aufregt. Einmal bin ich von zu Hause ausgerissen und habe eine Nacht in Stuttgart bei anderen Punkern verbracht. Morgens wurde ich dann von der Polizei aufgegriffen und Günter musste mich auf der Polizeistation abholen. Ich glaube, in diesem Moment war er schon sauer auf mich, hat aber auch in dieser Situation keinen Streit vom Zaun gerissen. Meine Mutter hat sich dagegen die größten Sorgen gemacht. Die Haare wurden zum geringsten Problem, es war eher mein Verhalten. Heute bin ich dankbar für seine Toleranz, ich weiß nicht, ob ich das mit meinen Kindern so hätte durchziehen können.«

»Was kam nach dem Punk?«

»Als ich sechzehn wurde, war die ganze Punkersache auf einmal sehr destruktiv, unsozial und eigentlich völlig unvereinbar mit meinem Weltbild und Wertesystem. Nach der Realschule hatte ich große Lust Geld zu verdienen und etwas Handfestes zu machen. Deshalb entschied ich mich für eine Ausbildung zum Industriemechaniker. Gleichzeitig ist das Verhältnis zu Günter besser geworden. Er hatte wieder mehr Zeit für uns und interessierte sich aufrichtig für unsere Interessen. In Form von Kleinigkeiten ist mir das zuerst aufgefallen. Beispielsweise hat er damit angefangen jedem Kind von sich aus ein kleines separates Geschenk zu machen, oder ist einmal im Jahr nur mit uns Snowboard fahren gegangen. Die gemeinsamen Urlaube gehören zu meinen schönsten Erinnerungen.

Als ich volljährig wurde und meinen Führerschein bekam genoss ich die Freiheit in vollen Zügen. Ich wollte unbedingt die Welt sehen und kaufte mir einen Opel Omega Kombi, weil man darin gut schlafen konnte. Ich war jedes Wochenende unterwegs und kurze Zeit später zog ich von zu Hause aus. Weil ich mir meine Ausflüge irgendwie finanzieren musste, hatte ich neben der Ausbildung eine Vielzahl von Nebenjobs. Mit dem Arbeiten hatte ich keine Probleme, aber von Geld sparen wusste ich auch nicht viel. Als ich wieder einmal auf der Suche nach einem Nebenjob war, habe ich Daniel Diemer (heute Geschäftsführer der L-mobile Infrastructure) kennen gelernt und wir sind zusammengezogen. Bei einer IT-Firma haben wir dann denselben Nebenjob bekommen und Computer Recycling betrieben. Große PCs zerlegt um Rohmaterialien zu bekommen. Ich glaube, es hat Günter gut gefallen, dass ich direkt mit achtzehn viel gearbeitet habe, schließlich konnte ich viel lernen und mir Disziplin aneignen. Andererseits habe ich das verdiente Geld am Wochenende aus dem Fenster geworfen und mir das Leben damit teilweise schwerer gemacht als nötig.

Pascal und Günter beim L-mobile Sommerfest 2015 - Quelle: Günter Löchner Privatarchiv

Letztlich habe ich mich für eine Ausbildung bei Bosch in Murrhardt entschieden und bin heute dankbar dafür. Ich habe einen guten Eindruck vom Alltag im Konzern bekommen und genau gemerkt was mir Spaß macht und was mir nicht liegt. Bevor ich ins Berufsleben starten sollte, wollte ich unbedingt noch die Welt sehen. Kurzerhand habe ich bei Bosch gekündigt und bin für ein Jahr nach Australien gegangen. Damit bin ich dem Reisen verfallen. Zurück in Deutschland wollte ich Veranstaltungstechnik studieren und als das nicht geklappt hat waren David, Lukas und ich gerade wieder mit Günter in unserem alljährlichen Snowboardurlaub. Wir setzten uns zusammen und grübelten darüber nach, was ich als Nächstes tun sollte. Veranstaltungsmanagement wurde zum Schlüsselwort und über Kontakte aus unserem Netzwerk kam ich schnell an den ersten Job. Im Eventmanagement waren die meisten Freelancer und ich schloss mich ihnen an. Dafür musste ich nur zum Rathaus ein Gewerbe anmelden und schon ging es los. Kisten durch die Gegend schieben, reisen, die Welt sehen. Ich war mit sehr viel Enthusiasmus dabei und profitierte wieder einmal von der Disziplin, die ich von Günter und meinem Großvater auf der Farm mitbekommen habe. Dadurch hatte ich bald einen guten Ruf und wurde auf die großen Events geschickt, wie beispielsweise zu den Rolling Stones und Robbie Williams. Eines Tages meldete sich David bei mir und vermittelte mich zu einer Firma, die nach Freelancern im Eventmanagement suchte. Leider hatte ich damals keine Ahnung von Tagessätzen und verkaufte mich viel zu günstig. Als mir das klar wurde, hat mir der Job allerdings bereits zu viel Spaß gemacht und ich blieb erst einmal dort. Ich habe auch tolle Erfahrungen machen dürfen, die ich gern mit Günter geteilt habe.

So durfte ich Veranstaltungen selbst begleiten und teilweise auch selbst planen und durchführen. So hätte es noch lange weitergehen können, aber 2010 wurde ich Vater und das viele Reisen wurde auf einmal lästig. Außerdem musste ich Günter eine Möglichkeit geben, sich als Großvater auszuleben.«

»Günter als Großvater?«

»Dasselbe habe ich mir damals auch gedacht. Als Großvater habe ich mir immer alte Männer mit weißen Haaren vorgestellt, die nur noch ihren Garten pflegen und ihre Rente genießen. Als Günter Opa wurde, war er gerade auf dem Kilimanjaro klettern. Da ich aber nach meiner Zeit in Australien wieder auf die Farm gezogen bin und mir dort eine eigene Wohnung gebaut habe, hatte Günter auch die Möglichkeit seine Enkel immer zu sehen. Günter und ich haben dazu das alte Bauernhaus meiner Großeltern erweitert und komplett umgebaut. Ursprünglich war dort mal eine Scheune, in der Heu gelagert wurde. Zuerst haben wir die Wohnung klein gehalten, sodass ich allein gut leben konnte. Als ich dann Vater wurde, haben wir die Wohnung sukzessive erweitert. Dabei stand mir Günter unterstützend zur Seite. Ich glaube für ihn ist es etwas ganz Besonderes, dass heute alle seine Kinder mit ihren Familien auf der Farm leben.«

Pascal 1997 - Quelle: Günter Löchner Privatarchiv

Günter mit seinem ersten Enkel Luke 2010 - Quelle: Günter Löchner Privatarchiv

Als nächstes wollte ich mit David sprechen. Das erwies sich als gar nicht so einfach, da er schier pausenlos am Arbeiten war. Wir vereinbarten mehrere Termine, die aufgrund von Überstunden nicht zustande kamen. Als wir uns schließlich zusammen telefonierten, merkte ich schnell, dass David seine Leidenschaft im Beruf auslebt und ihm Überstunden meist gar nicht auffallen. Genau wie Pascal sieht er Günter sehr ähnlich und strahlt dieselbe Ruhe, Gelassenheit und Humor aus.

Seit einigen Jahren ist er als Schreiner mit eigener Werkstatt tätig. 2020 hat er seinen ersten Mitarbeiter eingestellt. Er hat einen friedliebenden, fröhlichen Charakter und hat genau wie Pascal eine ganz eigene Geschichte mit seinem Vater zu erzählen.

»Wie verlief deine Kindheit auf der Farm?«

»Für mich war es großartig. Es gab viel zu erleben, Pascal und ich sind aus der Tür raus direkt in den Wald gerannt. Günter hat uns immer viel gezeigt. Wir wurden häufig in den Stall mitgenommen und haben schon früh den Umgang mit Schweinen, Kühen und aller Art von Kleinvieh gelernt. Günter war es wichtig, uns früh beizubringen, wie man mit Tieren umgeht und diese hält. Zu meinen schönsten Erinnerungen zählt der jährliche Urlaub mit dem Wohnwagen und die vielen Arbeiten im Freien, zu denen er uns mitgenommen hat.

Pascal und ich waren immer sehr eng miteinander verbunden. Lukas kam ein paar Jahre später auf die Welt und hat in jungen Jahren von uns sein Fett wegbekommen. Mittlerweile ist das natürlich ganz anders. Pascal und ich hatten damals einfach denselben Freundeskreis. Wir sind zusammen ausgegangen und wollten immer viel erleben. Nach dem Besuch der Hirschbach Grundschule, habe ich die Realschule in Sulzbach besucht. Dort sind meine schulischen Leistungen in den Keller gegangen und ich hatte andere Dinge im Kopf als zu lernen. Für ein paar Jahre waren Pascal und ich dann als Punker unterwegs. Günter war meine ganze Jugend hindurch sehr tolerant und hat mich dann sogar unterstützt, als ich meinen Führerschein gemacht habe, oder das erste Auto kaufen wollte. Er hat uns alles gegeben, solange wir dafür arbeiteten. Schließlich habe ich meinen Abschluss gemacht und bin direkt als KFZ-Mechaniker in Ludwigsburg in die Lehre gegangen. Weil es so weit weg war, ging mein gesamtes Geld für die Fahrtkosten drauf. Mit der Ausbildung bin ich auch heute noch sehr zufrieden.

Nach dem Abschluss hat man mir angeboten in den Verkauf zu gehen. Das ging aber gar nicht gut, ich wollte viel lieber aktiv an etwas herumschrauben. Deshalb bin ich nach einem Jahr im Beruf Servicetechniker geworden mit eigenem Sprinter und habe vor allem Gabelstapler repariert. Es hat mir sehr gefallen mein eigener Chef zu sein. Ich habe alle notwendigen Ersatzteile direkt nach Hause geliefert bekommen und konnte direkt morgens von zu Hause zu den Einsätzen fahren. In Summe habe ich das vier Jahre gemacht und es hat mir sehr viel Spaß gemacht. 2009 wollte ich mir eine Auszeit nehmen und bin ins Ausland gegangen. Günter hat damals für seine Mitarbeiter eine Aktion ins Leben gerufen: Wenn man in Deutschland einen Halbmarathon läuft, bekommt man den Flug nach New York bezahlt und darf dort am New York City Marathon teilnehmen. Das war ein super Startschuss für mich und ich wollte sofort mit. Nach dem Marathon in New York habe ich mich dann von Günter verabschiedet und mich auf meine Reise begeben.

Der Anfang war relativ schwer, weil ich kein gutes Englisch sprach. Darüber hinaus war ich schier erschlagen von der Größe Amerikas, seinen Städten und den Menschenmassen. Wenn man sich vor Augen hält, dass ich das einfache Leben in Murrhärle gewohnt war, kann man sich vorstellen wie ich mich gefühlt habe. Nachdem ich ein paar Tage in New York verbracht hatte, habe ich mir ein Busticket gekauft und bin von der Ost- zur Westküste gefahren. Da ich auch ein Arbeitsvisum hatte, durfte ich ein Jahr bleiben. In Kanada habe ich 2010 auf einem Campingplatz Arbeit gefunden und war für die komplette Instandhaltung zuständig. Mit dem verdienten Geld bin ich dann immer wieder zu kleineren Reisen aufgebrochen und habe mir das schöne Land angesehen. Beispielsweise bin ich mit einem Wohnmobil von Vancouver bis nach Alaska und zurückgefahren.«

»Was war der Höhepunkt deiner Reise?«

»Das war als Günter mich besucht hat. Wir hatten eine tolle Zeit in Kanada, Günter konnte sich vergewissern, dass es mir gut ging und ich hatte ein wenig Gesellschaft. Damals hatte ich einen alten Ford Pickup Baujahr 1970. Damit habe ich Günter am Flughafen abgeholt das fand er sensationell. Wir sind zusammen auf den Campingplatz gefahren und haben in einem Container Haus gewohnt. Günter hat sich richtig Zeit für mich genommen und blieb vier Wochen bei mir. Wir waren viel zusammen wandern, sind in die Berge Snowboard fahren gegangen, haben Konzerte in Vancouver besucht und auch Zeit mit meinen neuen Freunden verbracht.

Bevor Günter zurückflog, wollte er natürlich auch wissen, ob ich zurückkomme, oder in Kanada bleiben möchte. Ich habe auch tatsächlich lange überlegt, aber am Ende war mir die Familie wichtiger. Vom Rückflug habe ich niemandem außer Pascal erzählt, der mich dann vom Flughafen abgeholt und direkt zu Günter ins Büro gefahren hat. Darüber hat er sich sehr gefreut.«

»Wie hast du in Murrhärle weitergemacht?«

»Für ein paar Wochen bin ich bei Pascal untergekommen und habe bei einer Autowerkstatt gearbeitet. Das war allerdings nur Mittel zum Zweck, in Kanada hatte ich mich bereits dazu entschieden eine Selbständigkeit aufzubauen und genau das habe ich dann Schritt für Schritt gemacht. Mein Vater hat mich dabei enorm unterstützt. Er hat mir meine Schreinerei gesponsert und ist bis heute mit L-mobile mein größter Auftraggeber. Für mich ist er Vater und Mentor, er zeigt mir wie man ein Unternehmen führt, hilft mir bei der Beschaffung neuer Aufträge und berät mich mit allerhand Ratschlägen.

Heute lebt meine Familie auf der Farm, genau wie Pascal. Lukas und ich haben drei Jahre lang aus den alten Stallungen Wohnungen für unsere Familien gebaut. Nachdem meine Großeltern verstorben sind gab es viel Platz auf dem Hof. Wir haben fast alles selbst gemacht sowohl Günter als auch Pascal haben uns jede freie Minute unterstützt.

Meine Schreinerei ist ebenfalls auf der Farm, inklusive der Werkstatt. Wir sind alle verschieden, haben aber alle letztlich unseren Weg gefunden und sind füreinander da. Wir können jederzeit unsere Tür zu machen und haben unsere Ruhe, aber gleichzeitig wissen wir auch, dass immer offen kommuniziert wird, es gibt zwischen uns keinen Streit und wir gehen gern zusammen in den Wald und arbeiten dort in unserer Freizeit. Für meinen Vater ist es ein wahr gewordener Traum, dass seine drei Söhne alle zusammenhalten und zusammenleben. Sonntags ist immer unser Familientag und wir achten darauf, dass unsere Kinder viel miteinander spielen. Günter pflegt seit einigen Jahren immer mehr Familientraditionen. Beispielsweise ist es ihm wichtig regelmäßig mit seinen Enkeln in den Urlaub zu fahren, oder Ausflüge zu machen. Die Kinder lieben es mit ihm auf der Farm, einem Campingplatz oder einem Park zu spielen. Auf jeden Fall sind wir sehr dankbar und glücklich. Murrhärle ist ein guter Ort zum Leben und auch wenn es mich immer wieder wegzieht, ist hier meine Heimat.«

Heilbronn Halbmarathon als Vorbereitung für den New York Marathon 2009 - Quelle: Günter Löchner Privatarchiv

Günter und David in Kanada 2010 am Whistler Mountain - Quelle: Günter Löchner Privatarchiv

Nach dem Gespräch mit David hatte ich schon einen ungefähren Eindruck vom Familienleben der Löchners gewonnen und wollte als letztes unbedingt mit Lukas sprechen. Lukas ist Günters jüngstes Kind und ist mit vier Jahren Abstand zu Pascal immer der Kleine gewesen. Heute ist er Koch bei L-mobile und für die Kantine verantwortlich. Lukas ist bodenständig, ausgeglichen, fröhlich und offen. Wir sprechen uns im Januar 2020 nach den Feiertagen, die für Lukas mit der L-mobile Weihnachtsfeier das kulinarische Highlight des Jahres ausmacht.

»Was sind deine frühesten Erinnerungen mit Günter?«

»Zu meinen ersten Erinnerungen zählt der Geruch der frischen Landluft. Für mich war es ein Traum auf der Farm aufzuwachsen. Schon als Jugendlicher gefiel es mir auf der Farm, aus der heutigen Sicht ist es noch schöner gewesen. Mein einziges Manko war, dass David und Pascal etwas älter als ich sind und zudem noch als Punker aktiv waren, während ich mich eher zu Skatern und Hip-Hop Musik zugehörig fühlte. Ich habe mir meine Freunde außerhalb gesucht. Günter war immer viel unterwegs und sehr beschäftigt, sodass wir ihn teilweise kaum zu Gesicht bekamen. Andererseits hat er sich, wenn er dann da war, voll auf uns konzentriert und sich sehr viel Zeit für uns genommen.

Unsere gemeinsamen Urlaube und Reisen gehören zu den schönsten Erinnerungen in meiner Kindheit. Als Jugendlicher sind wir alle in die Türkei gefahren und haben dort Surfscheine gemacht. Während wir alle stolz mit unseren neuen Scheinen ausgestattet die Surfbretter geschnappt haben, hat Günter gleich noch den Schein für den Katamaran gemacht. Er muss eben unbedingt noch einen draufsetzen.

Wie David und Pascal war ich erst auf der Realschule, habe dann allerdings einen befeuerten Hauptschulabschluss gemacht, so nennt man es, wenn man vier Tage in der Woche zur Schule geht und bereits einen Tag arbeitet. Das war mit fünfzehn Jahren. Damals habe ich auch zum ersten Mal in der Küche gestanden und hatte sehr viel Spaß dabei.«

»Wie bist du zum Kochen gekommen?«

»Eigentlich habe ich alles meinem Vater zu verdanken. Als ich noch zur Schule ging, hat er mir mein erstes Praktikum besorgt - einen Ferienjob als Koch. Wir waren zusammen essen und auf einmal ist Günter aufgestanden und aktiv auf die Inhaber des Restaurants zugegangen und hat gefragt, ob noch jemand zum Schnuppern gebraucht wird. So hat sich dann alles entwickelt. Der Küchenchef kam heraus und hat mich gefragt, ob ich nicht eine Ausbildung bei ihm machen möchte. Natürlich habe ich das Angebot angenommen. Neben der Ausbildung habe ich meinen Eltern dann auf der Landwirtschaft geholfen. Damals hat Günter noch sehr viel mehr gemacht als heute. Wir hatten Rinder und die brachten viel Arbeit mit sich. Momentan ist die Landwirtschaft nur noch auf die Bienen und den Wald beschränkt. Wir fällen zusammen Bäume, verarbeiten sie zu Brennholz und verkaufen es.

In besagtem Restaurant war ich über acht Jahre lang beschäftigt. Erst als Azubi, später als Koch und am Ende in der Küchenleitung. Danach habe ich zum Tafelhaus in Backnang gewechselt. Das lief auch gut und hat mir Spaß gemacht. Auch diesen Job habe ich meinem Vater zu verdanken. Anderthalb Jahre später bin ich zur Sonnepost in Murrhardt und habe dort zwei Jahre lang als Gemüse- und Beilagenkoch gearbeitet. Hin und wieder war ich zur Unterstützung im Kulinarium, meiner alten Ausbildungsstätte tätig und habe dort den Sommer über mitgeholfen. Schließlich bin ich zum Fokenhof in Althütte gewechselt, da hat meine Freundin gearbeitet. Seitdem ging es wild zur Sache, ich habe nämlich nebenher angefangen meine

Wohnung zu bauen und hatte sechzehn Stunden Tage. Da musste ich an Günter denken der ja seit Jahren so lebt.

Ein Jahr später war ich völlig erschöpft und fühlte mich von der Gastronomie gestresst. Der Druck ist sehr hoch, Wochenendarbeit ist die Normalität und meist hat man genau dann frei, wenn Freunde oder Familie arbeiten müssen. Als ich mir schon Gedanken machte die Branche zu wechseln, bot mir Günter an einen Tag in der Woche für die L-mobile zu kochen und zu schauen wie es ankommt. Ich war sehr glücklich, als ich eine positive Resonanz erhalten habe und wir sukzessive die Arbeitstage für mich erhöhen konnten. Heute koche ich jeden Arbeitstag der Woche für L-mobile und habe dafür in unserem neuen Gebäude eine große Kantine mit Küche bekommen, die auch Platz für Koch-Kollegen bietet. Inzwischen sind es schon vier Jahre, dass ich bei L-mobile tätig bin und ich kann sagen, ich bin sehr zufrieden, dankbar und glücklich. Ich habe jetzt auch wieder Zeit für Freizeitaktivitäten und besonders das Mountainbiken hat es mir angetan. Manchmal begleitet mich auch Pascal dabei.«

»Warum hast du dich dazu entschieden wieder auf die Farm zu ziehen?«

»Da habe ich mich von Pascal inspirieren lassen. Pascal hat sich bereits vor zehn Jahren eine kleine Wohnung gebaut und war sehr zufrieden mit ihr. Irgendwann waren David und ich bei Pascal zu Besuch und haben uns spontan dazu entschieden es ihm nachzumachen. Heute leben wir alle drei nebeneinander und helfen uns gegenseitig. Im Gegenzug kümmern wir uns auch um den Hof und um alles was ansteht. Die Imkerei von Günter wird immer mehr zum Familienbetrieb mit Tradition. Beispielsweise übernehmen wir alle zusammen das Schleudern des Honigs und machen daraus eine Familienaktivität. In einem guten Jahr kommen wir auf bis zu sechs Tonnen Honig.«

»Was schätzt du an deinem Vater am meisten?«

»Ich bin begeistert davon, wie er alles nach und nach aufbaut, am Ball bleibt, einen langen Atem beweist und immer optimistisch bleibt. Er verschenkt nichts, aber wenn du wirklich willst, kannst du Teil der großen Vision sein. Ich schätze es sehr, dass er jedem in der Familie die Möglichkeit gibt sich auszuleben und uns viel Vertrauen vorschießt. Pascal im Vertrieb, mir in der Küche und David mit der Schreinerei. Ich rechne es ihm hoch an, dass er mir geholfen hat aus der hektischen Gastronomie rauszukommen und wieder freie Wochenenden zu haben. Das ist echte Lebensqualität und bei L-mobile habe ich meine Erfüllung gefunden. Ich kann mir nichts anderes mehr vorstellen. Das ist ein absoluter Traumjob für jeden Koch. Wenn die Firma wächst, wachse ich mit. Durch ihn kann ich mein eigener Herr sein und selbstbestimmt arbeiten. In der Küche habe ich das Sagen und kann mich frei ausleben. Mein Vater ist ein Visionär. Er liebt es sich mit mir hinzusetzen und die nächsten Jahre auf Augenhöhe zu planen. Wir finden auch heute noch die Zeit zusammen in den Wald zum Arbeiten oder spazieren zu gehen. Dann ist es für mich fast wieder wie früher als ich bei ihm hinten auf dem Schlepper saß.«

Pascal, David und Günter fällen 200 Jahre alte Weißtannen im eigenen Waldstück 2012 - Quelle: Günter Löchner Privatarchiv

Lukas beim gemeinsamen Mitarbeiter Kochen L-mobile 2015 - Quelle: Günter Löchner Privatarchiv

GÜNTER DER IMKER

Seit über vierzig Jahren geht Günter einem heute selten gewordenen Zeitvertreib nach - der Imkerei. Die Liebe zu den Bienen geht zurück ins Jahr 1977.

»In vielerlei Hinsicht war 1977 ein Datum voller Meilensteine für Renate und mich. Neben der ersten großen Liebe, dem Umzug in unsere erste eigene Wohnung, meinem ersten Auto und meinem Ausbildungsabschluss, fand ich auch meinen Weg zu den Bienen.« Günter schwelgt einen Moment in Erinnerungen. Es ist inzwischen weit nach zweiundzwanzig Uhr, doch ich habe das Gefühl, dass er gerade erst warm geworden ist.

»Wie kommt man mit achtzehn Jahren zu einer solchen Freizeitbeschäftigung?« frage ich nach.

»Bereits während meiner Ausbildung ist mir aufgefallen, dass das Imkern sich bei meinen Kollegen großer Beliebtheit erfreute. Bei Louis Schweizer in Murrhardt gab es Ende der siebziger zeitweise nur ein Thema - Bienen, Bienen, Bienen.

So wie andere ganz wild auf Fußball sind und kein Spiel verpassen, genau groß war die Begeisterung über die Bienenzucht. Und natürlich über Honig. Ich kann mich noch gut daran erinnern, dass Gerüchte die Runde machten, mit Honig könne man reich werden - in einem besonders guten Jahr hätte sich sogar ein Imker allein von der Honigernte ein Haus bauen können! Außerdem fiel mein Start mit dem Imkern mit den Jahren in Murrhardt zusammen, als ich in der Stadt wohnte und mich nach ein wenig Natur sehnte. Sich ein bisschen um die Bienen zu kümmern und die freie Zeit an der Luft zu verbringen, kam mir daher sehr gelegen. Es war ein Ausgleich zur Ausbildung in der Firma und mehr als willkommen.«

Günter 1977 - Quelle: Günter Löchner Privatarchiv

»Wo bekam man denn damals Bienen her?« Günter nickt als hätte er nur auf diese Frage gewartet:

»In jeder Abteilung gab es Imker, zusammen waren wir mindestens zu sechst. Als erstes habe ich mir die Bienenpflege (Fachzeitschrift) gekauft und mir so viel wie möglich selbst angelesen. Internet gab es da noch lange nicht und es war mühsam zuverlässige Informationen zu finden. Unter anderem gab es dort auch Anzeigen an welchen Orten es Bienen zu kaufen gab. Nachdem ich ein paar Wochen intensiv gesucht hatte, fand ich einen alten Imker. Er war bereits über neunzig und ich war gerade frische achtzehn. Zu meinem achtzehnten Geburtstag habe ich mir dann direkt zwei Bienenvölker von ihm gekauft.

Dazu bin ich mit dem Auto nach Mainhardt gefahren, dort hat der alte Imker gelebt. Ich hatte gerade frisch meinen Führerschein bekommen und war voller Vorfreude. Mit meinem geringen Fachwissen, dass ich mir über Hörensagen und ein paar Zeitschriften angeeignet hatte, bereitete ich mich akribisch auf die Fahrt vor. Ich besorgte mir diverse Kästen und Kisten für die Bienen und kaufte direkt zwei Völker. In einem Volk befinden sich je nach Jahreszeit zwischen 5.000 und 50.000 Bienen, dementsprechend aufgeregt war ich auch. Ich musste die Bienen nachts abholen, da sie ja tagsüber flogen. Mit meinem Kombi fuhr ich vor, packte die Kästen hinten rein, bezahlte schnell und bin im Dunkeln gegen dreiundzwanzig Uhr losgefahren. Leider habe ich auch gleich ein paar Anfängerfehler gemacht.«

Günter fängt an zu lachen, während vor meinem inneren Auge verschiedene grausige Szenarien von zerstochenen Gesichtern und Händen ablaufen. Vorsichtig wage ich den Vorstoß:

»Was meinst du mit Fehlern?«

»Meine Kästen waren undicht und als ich losfuhr und meine Scheinwerfer anmachte, sind die Bienen rausgeflogen und direkt zum Licht geflogen - an die Windschutzscheibe. Und ich hatte keine Ahnung wie ich die Bienen wieder unter Kontrolle und vor allem sicher in die Kästen zurückbringen sollte! Ich bin dann schnell an den Straßenrand gefahren und habe mich in den Schutzanzug inklusive Hut geschmissen. In voller Imker Montur bin ich dann nach Hause gefahren. Ich war natürlich trotzdem total zerstochen, aber es hat mir nichts ausgemacht. Es war ein echtes Abenteuer!« Wir beide mussten lachen.

»Und wo hast du die Bienen hingebracht? Nach Murrhardt?«

»Nein, das ging nicht. Zu meinen Eltern auf die Farm, da hatten die Bienen auch genug Platz und Natur.«

»Und für deine Eltern war das in Ordnung?«

»Mehr oder weniger. Meine Mutter hat mich mit den Bienen immer unterstützt, mein Vater war eher dagegen, vor allem als ich anfing selbst zu züchten. Im Winter sterben viele Bienen ab, während im Frühjahr nachgezüchtet wird. Im Frühsommer legt die Königin dann um die zweitausend Eier pro Tag. Dadurch wird das Volk in sehr kurzer Zeit sehr groß und stark. Die Königin richtet sich dabei immer nach den Jahreszeiten. Wenn viel blüht braucht man auch viele Bienen. Im Herbst nimmt die Zahl der Eier wieder ab. Ich habe viele Fehler gemacht. In den ersten acht Jahren habe ich kaum Honig bekommen. Ein alter Imker hat mir viele Tipps gegeben und die erwiesen sich fast alle als falsch. Es hat mich Jahre gekostet bis ich dahinter kam, aber ich bin standhaft geblieben, besorgte mir neue Völker, wenn eines kaputt ging, optimierte die Prozesse und versuchte mir möglichst viel Wissen selbst anzueignen. Dabei war ich komplett auf mich allein gestellt, Renate war nämlich allergisch gegen Bienen. Nur meine Mutter hat mir beim Schleudern geholfen. Dafür durfte ich ihre Waschküche verwenden und habe überwiegend nachts geschleudert. Zu Spitzenzeiten, das war 2006, habe ich um zehn Uhr abends, bis um sechs Uhr morgens nur geschleudert und bin dann zur Arbeit gefahren. Damals hatte ich ungefähr siebzig Völker. Zwischendurch waren es dann sogar dreihundert bis vierhundert Völker auf zehn Standorten verteilt.«

An dieser Stelle beschlossen wir das Interview für den Abend zu beenden und am nächsten Tag weiter zu machen. Da Günter sich immer für mehrere Tage in Tunesien aufhielt, bot es sich an seine frei gewordene Zeit zu nutzen. Schließlich konnte er in Tunesien nicht abends auf die Farm fahren und weiterarbeiten. Als ich den Text überarbeitete wurde mir noch einmal bewusst, wie viel Zeit und Energie Günter bereit ist in etwas zu investieren, dass er wirklich liebt. Dabei scheut er nicht davor zurück Fehler zu machen und aus diesen zu lernen. Auf einmal fiel mir eine Aussage von Günter ein, die er mir und vielen anderen Mitarbeitern bei L-mobile predigt:

Fehler zu machen ist nicht schlimm und sogar erwünscht. Schlimm wird es erst, wenn man immer wieder die gleichen Fehler macht.

Offensichtlich stammen viele Aspekte der Führungsstrategie bei L-mobile aus den Erfahrungen, die Günter auf der Farm als Land-/Forstwirt und Imker gemacht hat.

Der Grad an Überzeugung mit dem er von seinen Freizeitaktivitäten spricht, beweist mir, dass er in Puncto Disziplin und Eifer keinen Unterschied zwischen einem Bienenvolk oder dem Leiten eines Unternehmens sieht. Diese Haltung findet sich auch in Günters Lebensmotto wieder:

Egal wie aussichtslos eine Situation scheint, es gibt immer einen Weg und immer eine Lösung, man muss diese nur finden.

Zu unserem Zweittermin beschloss ich direkt dort anzuknüpfen, wo wir aufgehört hatten. Dieses Mal fingen wir schon etwas früher am Abend an. Günter nahm wieder auf dem Sofa Platz und lächelte mich entspannt an.

»Andreas. Und bereit?« ich nickte und stellte im selben Moment erfreut fest, dass ihm unser Projekt von Mal zu Mal mehr Spaß zu machen schien.

»Lass uns noch einmal über die Bienen sprechen. Wie du gestern bereits herausgehört hast, ist es sehr schwer an hochwertiges Wissen zu kommen. Jeder Imker hat seine eigenen Methoden und weiß alles besser. Es gibt allerdings einige Plattformen, die einen Austausch zwischen den besten Imkern ermöglichen. So fing ich noch in den Achtzigern an über Fachzeitschriften zu brüten und mir anzuschauen, was Imker in anderen Teilen der Welt tun, um erfolgreich Honig zu produzieren. Die Themen reichen weit, von der richtigen Zucht und der idealen Standortbestimmung für die Bienen, bis hin zu hochtechnischen Schleuderverfahren und der Verpackung des Honigs. Alle zwei Jahre gibt es einen weltweiten Imkerkongress, den ich so oft wie möglich besuchte. Hier konnte ich mich mit Experten austauschen. Im Oktober war ich häufig auf dem Imkerkongress in Donaueschingen. Später machte ich mich auch auf größere Reisen und besichtigte die großen Imker um mir das Beste anzueignen. Beispielsweise in Kanada. 2003 flog ich zum Imkerkongress nach Melbourne und staunte über die Professionalität, mit der die Imker ans Werk gingen. Da gab es Leute, die hatten über viertausend Völker, einer sogar zwanzigtausend! Vor allem von den Amerikanern war ich sehr beeindruckt und konnte mir viel aneignen. Zum Beispiel habe ich mir ihr Palettensystem abgeschaut. Hierbei befinden sich vier Völker auf einer Palette und die Bienen fliegen in mehreren Richtungen.«

Günter machte eine kleine Atempause und wartete bis ich mir alles notiert hatte. Kaum, dass ich mit dem Tippen fertig war, fuhr er auch schon fort:

»Da ich beim Imkern meist allein war, dauerte es sehr lange, Prozesse zu verbessern. Vor allem das viele Tragen ging mir immer sehr auf den Rücken und auf lange Sicht war das furchtbar. Darum habe ich immer wieder hier und dort noch etwas an Ideen rausgeholt, ausprobiert, verworfen und wieder versucht, bis ich endlich für Entlastung gesorgt habe. Das Schlagwort lautet Automatisierung. Ungefähr zehn Jahre habe ich mich eingelesen, verglichen was die Finnen und Amerikaner machen und schließlich die Investition gewagt und mir eine vollautomatisierte Schleuder-Linie gekauft. Allein die Abholung der Anschaffung war ein Abenteuer. Ich musste dafür mit dem Auto inklusive Anhänger nach Ungarn fahren. Dabei konnte ich auch gleich unserem Standort in Budapest einen Besuch abgestattet, und bin dann mit der sechs Meter langen Schleuder-Linie über Wien zurück nach Deutschland gefahren. Auf der Farm habe ich dann groß ausgebaut. Während ich mit achtzehn Jahren die Kästen für die Bienen noch selbst gefertigt habe, steht heute eine ganz andere Infrastruktur zur Verfügung. Über die Jahre habe ich unseren alten Kuhstall, der zwölf Meter lang und acht Meter breit ist, in einen Schleuderraum umgebaut und mit Ausrüstung aus Edelstahl ausgestattet. Die Paletten mit dreihundert bis vierhundert Kilo Gewicht werden von mir mit einem Geländestapler reingefahren und dann geschleudert.« Günter grinst breit und trinkt ein Glas Wasser.

»Befinden sich die Bienen das ganze Jahr über auf der Farm?«

»Nein, sie müssen ja fliegen und sammeln. Mit dem Geländestapler mache ich mich im Frühling auf und packe die Bienen auf einen Anhänger. Da passen ungefähr fünfzig Völker drauf. Dann geht es hoch auf die schwäbische Alb, direkt zur Tracht. Hier gibt es Rapsfelder, die sind 50 Hektar groß. Einmal platziert, lasse ich die Bienen drei Wochen lang fliegen, bis ich sie wieder runterhole. Es ist eine kräftezehrende, aber gleichzeitig sehr lohnende Aufgabe. Wie oft bin ich morgens um fünf Uhr aufgestanden und direkt zu den Bienen gegangen. Andererseits kann ich dort entspannen wie sonst fast nirgends. Ich liebe es. Ebenso das Züchten. Moni und meine Söhne helfen mir mit dem Schleudern und es hat sich eine regelrechte Familientradition daraus entwickelt. Ab August bereiten wir uns auf den Winter vor und schalten dann auch etwas ab.«

Erste Bienenvölker in selbstgemachten Kästen 1977 - Quelle: Günter Löchner Privatarchiv

Günter an der Schleuder-Linie 2005 - Quelle: Günter Löchner PA

Imkerei Löchner eigener Hofladen 2005 - Quelle: Günter Löchner
Privatarchiv

Mein Fazit: Günter fasziniert die Imkerei damals wie heute. Und er brennt dafür voller Leidenschaft. Nachdem er mir von den Automatisierungen erzählt hatte, ging er dazu über, mich über seine Standardprozesse in der Honigherstellung und Qualitätsansprüche zu unterrichten. Wir sprachen so lange über den richtigen Umgang mit Bienen, dass ich am Ende selbst das Gefühl hatte, nur noch einen Schutzanzug zu brauchen, um mich selbst einen Imker schimpfen zu können. Ob er mich auch einmal zu seinen Bienen lässt?

Zurück in Deutschland gingen die Wochen vor Weihnachten
schnell ins Land. Es war das gewohnte Auf und Ab: Der
Vertrieb bemühte sich seine Jahresziele auf der Zielgeraden
zu erreichen. Die Projektmanager versuchten verbissen ihren
Projektabschluss zum 01. Januar einzuhalten, während die
Kunden einerseits übermäßigen Druck ausübten, andererseits
bereits zum 01. Advent geistig in die Weihnachtsferien
gegangen waren. Das Marketing führte die letzten
Kampagnen des Jahres durch und das Office Management
kümmerte sich um die Organisation der Weihnachtsfeier.

Seit nahezu zwanzig Jahren findet Mitte Dezember die L-
mobile Weihnachtsfeier statt. Bis einschließlich 2017 wurde
die Feier an diversen Schauplätzen wie Restaurants, Hotels
oder Bars zelebriert - seit der Einweihung des neuen
Hauptgebäudes gibt es nun auch genug Platz im eigenen
Haus. Zur Weihnachtsfeier sind grundsätzlich alle
Mitarbeiter mit Begleitung (Lebenspartner und Kinder)
eingeladen. Dafür reisen manche Gäste aus Bonn, manche

sogar aus Ungarn nach Sulzbach an der Murr. Günters Sohn Lukas beginnt schon eine Woche vorher mit den Vorbereitungen für den großen Abend und versorgt mit seinem Team weit über hundert hungrige Gäste.

Mitten im Getümmel befindet sich Günter. Blitzschnell flitzt er von Tisch zu Tisch und begrüßt langjährige Wegbegleiter mit ihrer Begleitung, aber auch ganz neue Mitarbeiter, die Günter bislang höchstens aus dem Bewerbungsgespräch in Erinnerung haben und sich nervös von einem Bein auf das andere stützend fragen, was sie wohl am besten zum Geschäftsführer sagen sollen. Im Laufe des Abends kommt dann jedoch meist die Erkenntnis, dass Günter im privaten Rahmen lustig und entspannt ist.

Die familiäre Atmosphäre ist deutlich zu spüren. Wie heißt es so schön - nichts schweißt so sehr zusammen, wie ein paar echte Grenzerfahrungen? So fühlte ich mich zumindest, als ich meine Kollegen betrachtete und mich an die vielen teils erfolgreichen, teils ziemlich herausfordernden Projekte erinnerte, durch die wir uns gemeinsam gearbeitet hatten. Erfolge werden gemeinsam gefeiert und während man sich vor dem Essen eher neben seinen engsten Kollegen setzt, werden die Plätze im Laufe des Abends immer weiter durchgemischt und spätestens mit der Eröffnung des Buffets gerät man in echte Plauderlaune.

L-mobile Weihnachtsfeier 2019 - Quelle: L-mobile Firmenarchiv

Traditionsgemäß begab sich Günter, begleitet von seiner Führungsrunde (Head of Finance, Head of Development, Head of Sales, Head of Marketing, Head of IT) zum Mikrofon und hielt eine kleine Rede. Dabei sprach er vor allem das vergangene Jahr an, hob gemeinsame Events und Erfolge hervor und prognostizierte das nächste Jahr voraus. Ich saß an meinem Tisch, hörte zu und musste schmunzeln. Die Voraussagen des nächsten Jahres waren wie immer äußerst ambitioniert und passend dazu fiel mir ein Spruch ein, der gerne von unseren Entwicklern benutzt wird, wenn wir Projektmanager wieder einmal mit einer geringen Informationsmenge, aber hohem Zeitdruck auf die Kollegen hintreten und wissen möchten, bis wann eine bestimmte Aufgabe erledigt ist.

Ich gebe dir gleich Bescheid, lass mich nur mal eben in meine Glaskugel schauen.

Als Günter seine Rede beendet hatte, übergab er das Mikrofon seinem Sohn Pascal, zweitem Geschäftsführer und Head of Sales. Damit wurden die Ehrungen eingeläutet. Es wurden mehrere Kategorien hervorgehoben: Umsatz, fakturierte Dienstleistungen und besondere Leistungen. Wir klatschten viel, Urkunden wurden übergeben und der Hunger wuchs stetig an. Wie unfair, dass das Buffet schon im Voraus offen zur Schau gestellt wird, während den Gästen das Wasser im Mund zusammenläuft! Anschließend folgte eine interaktive Fragerunde an den Führungskreis, bei dem es teils humoristisch, teils visionär um den Umgang und die Lösung mit den Herausforderungen der nächsten Jahre geht. Damit ist der formelle Teil offiziell beendet und die Live Band beginnt zu spielen.

Je später die Stunde, desto ausgelassener die Gäste. Auf Geplauder folgt Essen, auf Essen folgt Tanzen. Günter ist selbst ein passionierter Salsa Tänzer und eröffnete mit Moni die Tanzfläche.

Gegen einundzwanzig Uhr machten sich die ersten Gäste auf den Heimweg - überwiegend Familien mit kleinen Kindern. Zum Abschied gab es von Günter ein Glas selbstgemachten Honig (manche nahmen sich auch gleich mehrere Gläser mit), begleitet von frohen Weihnachtswünschen und einem warmen Händedruck. Die Kollegen mit Durchhaltevermögen feierten bis um drei Uhr in der Nacht. Die meisten Mitarbeiter arbeiteten nach der Weihnachtsfeier noch ungefähr eine Woche weiter, bevor sie in den Urlaub gehen. Für Günter endete das Jahr an diesem Abend. Mit der Feier meldete er sich ab für seinen großen Jahresurlaub und begab sich in die Berge auf Wanderschaft, Marathonläufe und Reisen durch den Dschungel, während der Rest von uns am

Kaminfeuer saß und Geschenke unter dem Weihnachtsbaum öffnete. Interessierte lässt Günter gern an seinen Abenteuern teilhaben und pflegt dafür eigens eine WhatsApp Gruppe, in der in regelmäßigen Abständen Bilder, Videos und schriftliche Neuigkeiten ausgetauscht werden.

Das bedeutet allerdings nicht, dass Günter und ich uns zwischen den Jahren nicht gehört hätten! Kurz nach Weihnachten erhielt ich eine Nachricht, ob wir uns denn nicht bald hören und fortfahren könnten. Gesagt, getan.

Kurz nach den Weihnachtsfeiertagen erhielt ich einen Videoanruf von Günter aus den Bergen. Und ich meine nicht die Alpen, sondern den Chimborazo, dem mit 6263 Metern höchsten Berg Ecuadors. Auf den Spuren Humboldts erklomm Günter gemeinsam mit Moni den Berg und rief mich von einer Herberge aus an. Das Gesicht braun gebrannt, das Lächeln breit und voller Energie, als wäre er gerade erst aufgestanden, dabei war er schon den ganzen Tag gewandert. Begeistert erzählte er mir von den Strapazen des heutigen Aufstiegs, als wäre die Herausforderung das Schönste an der ganzen Reise. Wir tauschten einige Höflichkeiten und Glückwünsche zum Weihnachtsfest und Neujahr aus, bis wir schließlich zur Sache kamen. Dem nächsten Interview.

»Nachdem wir bislang über die Landwirtschaft und Imkerei gesprochen haben, möchte ich heute mit deinem beruflichen Werdegang fortfahren.« beginne ich ganz förmlich.

»Andreas, du hast den Hut auf. Du kannst mich löchern.« erwidert Günter bestimmt und schaute mich beinahe herausfordernd an. Ich schaute zu Hause auf mein Blatt Papier mit Fragen darauf und suche mir die nächstbeste heraus.

»Wenn du deinen Beruf noch einmal wählen könntest, wofür würdest du dich entscheiden?«

»Interessante Frage.« Günter nahm sich einen Moment um darüber nachzudenken.

»Auf jeden Fall wieder Unternehmer werden. Die Freiheiten die damit einhergehen und die Unabhängigkeit selbst gestalten zu können, ist mir viel wert und ich bin bereit dafür den Preis zu bezahlen und das Risiko zu tragen. Von der Fachrichtung wäre ich offen, viele haben früher gesagt ich könnte im handwerklichen Bereich etwas machen. Nur auf die Rente zu warten ist nicht mein Ding, das ist schlimm für mich. Ich hätte mir auch eine riesige Imkerei, oder eine große Landwirtschaft vorstellen können, etwas bei dem ich etwas erschaffen, entwickeln, oder weiterbringen kann. Ich würde unbedingt wieder mit vielen Kollegen arbeiten wollen. Das macht mir Spaß und zusammen erreicht man größere Ziele. Wenn du allein bist, ist es deutlich mühseliger. Das bedeutet aber auch, dass alle zusammen zu einer Vision geführt werden müssen. Aktuell ist bei L-mobile ein großes Tempo entstanden. Ich begleite die Geschäftsführer meiner L-mobile Gruppe intensiv. Alle meine Führungskräfte haben Anteile an ihrer jeweiligen Geschäftsstelle. Sie sollen sowohl die Erfolge als auch die Misserfolge die sie haben spüren und wenn ich einer Sache gewiss bin dann der, dass auf jeden Fall Fehler gemacht werden, teilweise gemacht werden müssen. Ich bin bereit den Preis zu zahlen und das Risiko zu tragen. Alles in allem kann ich sagen, auf jeden Fall das Unternehmertum. Ich liebe es.«

»Du hast soeben von Fehlern gesprochen. Wie gehst du damit um, wenn du vor Problemen stehst?«

»Das wichtigste ist, erst einmal genau zuhören. Wenn ich vor einem Problem stehe, muss ich es erst einmal verstehen. Es wird mir genau geschildert. Als nächstes frage ich vermehrt nach den Hintergründen, stelle den Kontext her und möchte die Zusammenhänge verstehen. Beispielsweise berichtet mir jemand von einer Situation und ich versuche mit mehreren Beteiligten zu sprechen, Bezugsgrößen und Sichtweisen zu betrachten und möglichst viele Informationen zu sammeln. Manchmal gibt es Probleme die mich emotional mitnehmen und diese arbeiten gewaltig in mir. Es kommt auch vor, dass ich deswegen schlecht schlafe und besonders bei Personalfragen liege ich häufig nachts wach und denke darüber nach, was für den Mitarbeiter und das Unternehmen am besten ist. In solchen Fällen hilft es sehr, wenn ich Laufen gehe. Beim Laufen komme ich meist nicht nur auf eine, sondern gleich auf vier bis fünf Varianten von Lösungen und das hilft mir sehr. Wenn es sich um kritische Themen handelt, greife ich meist auf ein Netzwerk von persönlichen Beratern (meine engsten Vertrauten) zurück, denen ich mich öffne und meine Fragestellungen und Herausforderungen schildere. Hier hilft es schon die Fragen die mich plagen offen auszusprechen und zu präzisieren. Allein das mir jemand zuhört oder Fragen stellt hilft mir sehr und ich komme dadurch teilweise selbst auf mögliche Lösungsansätze. Außerdem gibt es viele Herausforderungen, die ich nicht delegieren kann und selbst abarbeiten muss. Ab und zu bestehen es Herausforderungen, die den Menschen Günter oder den Unternehmer Herr Löchner sehr beanspruchen. Meistens sind die Herausforderungen jedoch miteinander verknüpft, komplex und mit umfangreichen Folgen verbunden. Das sind die Probleme, die wirklich schwierig sind. Andererseits gehören solche Probleme zu meinem Alltag. Sie sind Teil meiner täglichen Routine. Deswegen kann ich inzwischen auch behaupten ein Spezialist darin zu sein, nach Lösungen zu suchen und diese auch zu finden.«

»Wenn wir von Routine sprechen, was meinst du damit genau?«

»In einem Unternehmen passiert jeden Tag irgendetwas. Das gehört zum Tagesablauf. Es ist mir wichtig, dass meine Mitarbeiter lernen mit Problemen bewusst umzugehen und sich selbständig darum kümmern zu können. Sich täglich weiterzuentwickeln und schließlich eine Stufe der Eigenständigkeit zu erreichen, bei der ich kaum noch nötig bin. Mein Job ist dann getan, wenn mir auffällt, dass ich eigentlich nicht mehr gebraucht werde. Aber davon sind wir heute noch weit weg. Meist ist es so, dass ein Mitarbeiter mit einer speziellen Problemstellung zu mir kommt und nur selten ausreichend vorbereitet ist. Wenn ich das Gefühl bekomme, dass man selbst noch nicht alles für die Bewältigung oder Lösung der Herausforderung geleistet hat, sende ich meinen Mitarbeiter gerne mit Hausaufgaben zurück und setze ihm konkrete Deadlines bis wann ich Vorschläge hören möchte. Im Prinzip verfolge ich einen geheimen Fragenkatalog, den ich mir anhand der Tätigkeiten des Mitarbeiters selbst beantworte. Meist handelt es sich um dieselben Fragen: Wie lange hat er/sie zur Bearbeitung des Problems benötigt? Mit welchen Inhalten hat er/sie sich auseinandergesetzt und warum? Welche Qualität und wie viel Fleiß wurde für die Lösung aufgewandt? Solche Indikatoren helfen mir besser zu bewerten, ob ich mich einschalten muss und was ich genau tun soll. Schließlich möchte ich nicht allein das Problem lösen, sondern gemeinsam mit dem Mitarbeiter. Der Lerneffekt ist das Wertvollste am gesamten Problem. Meist drehen wir eine zweite Runde und versuchen die Sachverhalte auf einem höheren Niveau zu klären. Früher hatte ich mehr Zeit zur Verfügung und konnte in einzelne Prozesse tiefer involviert werden, heute sind meist nur noch dreißig Minuten Termine möglich. Aber auch ich bin nach wie vor in einem Lernprozess und versuche mir beizubringen Probleme in einer sehr kurzen Zeit richtig zu erfassen. Ich habe mal gehört, dass Elon Musk nur fünf Minuten Termine wahrnimmt und es trotzdem schafft seine Probleme zu lösen. Hierbei ist er mir ein Vorbild. Wenn wir als Team Herausforderungen besprechen, ist es mir wichtig alle Beteiligten auch sehen zu können. Wenn jemand nicht anwesend sein kann, versuche ich ihr/ihm trotzdem in die Augen zu sehen, in dem ich auf Videokonferenzsysteme zurückgreife. Nonverbale Kommunikation richtig zu deuten ist mir sehr wichtig und hilfreich. Vielmals ist es sogar erfolgreicher sich auf die Gestik und Mimik zu fokussieren, als nur auf Text oder Worte. Ich will den Leuten in die Augen sehen können und den Kontakt nicht auf Mails beschränken. Es ist sehr mühselig schriftlich Sachverhalte klären zu müssen. Bei so etwas entsteht immer ein unnötiger Overhead und man weiß auch nie wie die- oder derjenige den Kontext aus der Mail versteht.«

Ich war verblüfft wie viel Günter allein über Fehler- und Problembewältigung sprechen konnte. Unweigerlich war meine Neugier geweckt mehr zu erfahren.

»Was waren deine größten Herausforderungen im Beruf und wie hast du diese gelöst?«

Ohne zu zögern antwortete Günter.

»Wenn ich eine Lösung umsetze, brauche ich Zeit. Selten, aber immer wieder gibt es auch Probleme, die immer wieder hochkommen, bis schließlich eine funktionierende endgültige Lösung geschaffen wird. Es gibt Mitarbeiter die Probleme haben, welche sehr leicht durchschaubar sind. Andere wiederum sind nur schwer zu greifen. Am wichtigsten ist es für mich aktiv zuzuhören und meinem Gegenüber das Gefühl zu geben, verstanden zu werden. Nicht minder entscheidend ist, dass die Gesprächspartner offen sind und Vertrauen zueinander und zu mir haben. Diese Basis zu schaffen ist oft der erste Schritt. Erst im Anschluss lassen sich fundierte Gespräche führen. Im zweiten Schritt arbeite ich möglichst viel über das aktive Zuhören und stelle Verständnisfragen um die Situation nicht vorab zu bewerten. Der dritte Schritt lautet oft Lösungsvorschläge von den Beteiligten einzuholen. Das hat riesige Vorteile, denn wenn es die Lösungen der Partner sind, dann ist die Akzeptanz höher – und es ist ja sowieso mein Ziel andere zu begleiten, selbst den Weg zu finden und erfolgreich zu werden. Sehr viel schwieriger ist die Situation mit mehreren Beteiligten (ab zehn Personen) mit unterschiedlichen Interessen, oder persönlichen Prägungen. Hier hilft es oft nur ein gemeinsames Ziel zu finden, hinter das sich alle stellen. So lassen sich eher Kompromisse erreichen und auch das Verständnis dafür erzeugen. Somit stellen Gruppenprozesse meine größte Herausforderung dar. Generell lege ich einen großen Fokus auf das Wertesystem. Sowohl das meiner Mitarbeiter, als auch mein eigenes. Passen die Werte zusammen, findet man auch Lösungen. Passen die Wertesysteme nicht zusammen, dann kann es zur Entscheidung kommen, sich zu trennen und getrennte Wege zu gehen.«

»Inwiefern kann sich ein Mitarbeiter an dich wenden?«

»Meine Tür steht jedem offen, sofern ich keine vertraulichen Gespräche führe. Ich bin gerne involviert und habe ein aktives Interesse daran die L-mobile voranzubringen. Das geschieht am besten, wenn unsere Leute qualifiziert werden. Über den Tag hinweg führe ich viele Telefonate und bin in Meetings eingebunden. Aber spätestens abends setze ich mich hin und arbeite meine Mails auf. Wenn mir jemand geschrieben hat und um Hilfe gebeten hat, delegiere ich die Aufgabe weiter an die Führungskräfte, wenn ich nicht unbedingt erforderlich bin. Bei Krisenprojekten komme ich allerdings noch regelmäßig zum Einsatz. Und natürlich, wenn ich Rechnungen bezahlen soll.« Dabei zwinkerte mir Günter vielsagend zu und ich denke direkt an die Mitarbeiter Webseite der L-mobile, bei der er sich selbst als denjenigen bezeichnete, der im Allgemeinen für das Bezahlen der Rechnungen zuständig ist.

»Rechnungen, Krisenprojekte, die Bewältigung von Problemen - das klingt alles ziemlich ernst. Hast du denn noch Spaß an deinem Job?«

»Auf jeden Fall. Ich bin ein glücklicher Mensch und auch glücklich in dem was ich tue. Ich habe hier meine Erfüllung, Selbstverwirklichung und Lebensfreude. Ich tue genau das was ich will. Zu meinen Aufgaben gehört ja noch viel mehr. Gerade der visionäre Aspekt bringt mir am meisten Freude. Mich mit Vertrauenspersonen zu umgeben und gemeinsam große Ziele zu erreichen. Aber auch Zeit in meine eigene Weiterbildung zu investieren ist mir wichtig. Jedes Jahr verbringe ich um die fünfzehn Tage bei diversen Fortbildungen, um mich immer auf dem Laufenden zu halten. Der Markt wächst und die Zeit verfliegt. Gerade im

Softwarebereich muss man am Ball bleiben.« Günter lehnte sich zufrieden zurück und mir fiel auf, dass er wirklich im Reinen mit sich ist. Es handelt sich weder um Sprüche, noch um Redewendungen, er ist von seiner Sache überzeugt und würde nichts lieber tun.

»Hast du aus beruflicher Sicht ein Vorbild, dem du gern nacheifern würdest?« frage ich und Günter lächelt direkt.

»Natürlich. Vorbilder sind eine große Motivation für mich. Als erstes fällt mir Reinhold Würth ein. Er ist heute bereits über achtzig und eine meiner Leitfiguren. Herr Würth hat es geschafft aus einer mittelständischen Firma einen Konzern zu schaffen, der 2019 78.000 Mitarbeiter zählte und sich trotzdem treu geblieben ist. Heute führt seine Tochter Bettina die Geschäfte weiter und auch das ist etwas, was ich mir von der L-mobile wünsche. Ein Familien- und Inhabergeführtes Unternehmen. Die Würth Gruppe ist eines der wenigen Unternehmen dieser Größe, die nicht börsennotiert sind und umfasst über vierhundert Gesellschaften weltweit. Das muss man sich einmal vorstellen. Ein kleiner Betrieb wird zum Milliardenkonzern (2019 14 Mrd. Euro Umsatz) und behält dabei sein Wertesystem bei! Die Mitarbeiter identifizieren sich mit denselben Werten wie Herr Würth und daran merke ich, wie er Menschen begeistern und langfristig motivieren kann. In den letzten Jahren leidet die Loyalität einzelner Mitarbeiter immer mehr unter einer Vielzahl von Faktoren, die dafür sorgen, dass im Schnitt alle zwei Jahre der Job gewechselt wird. Bei Würth läuft es anders. Herr Würth steht als Person als Vorbild für seine Mitarbeiter und sorgt dafür, dass jeder gern mit ihm zusammenarbeitet. Besonders schätzt Herr Würth seinen Vertrieb und hält große Stücke auf ihn. So habe ich mal gelesen, dass er neunzig Prozent des Erfolges von Würth seinem vortrefflichen Vertrieb zuschreibt. Er hat sogar schon seine eigene Bank gegründet. Wir haben L-mobile Kunden, die zur Würth Gruppe zählen und gerade bei diesen Projekten habe ich einen sehr starken Spirit vernommen.

Besonders fasziniert mich aber etwas anderes: Herr Würth gibt jedem Mitarbeiter die Chance eines Tages eine eigene Tochterfirma innerhalb der Würth Gruppe zu leiten, sofern er sich anstrengt und es verdient. Dieselbe Perspektive möchte ich bei L-mobile auch anbieten. Wer bereit ist für L-mobile besonderes zu leisten und seine Loyalität unter Beweis gestellt hat, dem stehen alle Wege offen auch eines Tages Geschäftsführer einer unserer L-mobile Firmen innerhalb der Gruppe zu sein. Um Unternehmer zu werden muss man allerdings auch Durchhaltevermögen beweisen. Manche Prozesse brauchen Jahre um zu entstehen.«

»Dazu zwei Rückfragen: Warum ist die L-mobile nicht börsennotiert? Gibt es bereits Mitarbeiter, denen du ein eigenes Unternehmen in der Gruppe zutraust und wie funktioniert das?«

»Dafür gibt es mehrere Gründe. Ich habe bereits meine Erfahrungen mit der Börse bei Infor gemacht und mich entschieden so etwas nie wieder zu machen. Darüber können wir gerne ein anderes Mal ausführlich sprechen. Kurzum - du holst dir eine Menge Fremder in die Firma und hast keine Kontrolle mehr. Die meisten sind dann nur noch an kurzfristigen Kurssteigerungen interessiert und nicht daran, die Firma und ihre ursprünglichen Werte aktiv voranzubringen. Wenn sie merken, dass das bei dir nicht läuft, ziehen sie dir die Reißleine. Auf dieser Basis werden unternehmerisch viele suboptimale Entscheidungen getroffen und viel Wert vernichtet. Deshalb habe ich die Infor als Mitglied im Vorstand verlassen und habe mir vorgenommen, Günter du machst es noch einmal, aber diesmal besser. Was deine zweite Frage angeht - es gibt bereits eine ganze Reihe von Leuten, die ich sehr schätze und definitiv zutrauen würde etwas Eigenes mit meiner Unterstützung zu gründen. Dass es funktioniert sehen wir an Daniel (L-mobile infrastructure). Ich vertraue ihm blind und weiß, dass er sein Geschäft im Griff hat. Wir pflegen einen sehr offenen Austausch und es kommt immer wieder vor, dass wir auch heute noch voneinander lernen, obwohl wir schon viel durchgemacht haben. Letztlich geht es aber um die Befähigung der Mitarbeiter. Würth investiert beispielsweise viel Zeit in offene Seminare für die nächsten Generationen. Dadurch gibt er nicht nur die Werte weiter die ihn erfolgreich gemacht haben, sondern stellt einen Drive sicher, der noch die nächsten zwanzig Jahre erhalten bleiben wird. Das inspiriert mich. Deshalb heißt mein Motto für meine Mitarbeiter: Entwickle dich selbst und sammle so viel Erfahrung wie möglich. Wenn du das bewiesen hast, gebe ich dir die Chance dich als Führungskraft, Geschäftsführer oder in einer vergleichbaren verantwortungsvollen Rolle auszuprobieren. Tatsächlich habe ich in diesem Zuge erst voriges Jahr mit einem internen L-mobile Führungskräftetraining begonnen. Über die nächsten zwei Jahre investiert die L-mobile eine halbe Millionen Euro in die Qualifizierung der aussichtsreichsten Kandidaten. Dort sitzen unsere künftigen Manager, Abteilungsleiter und sogar Mitglieder des Management Boards.

Zum Abschluss noch ein Beispiel: Procter and Gamble. Seit über hundert Jahren am Markt, groß, stark und eisenhart bei der Einstellung neuer Mitarbeiter. Das Unternehmen ist strikt gegen die Anwerbung hoher Manager, die nichts vom Unternehmen und den Werten verstehen. Stattdessen muss sich jeder hocharbeiten. Dadurch stellen sie sich, dass die künftigen Manager selbst gesehen und erlebt haben und absolut hinter dem Unternehmen stehen. Die Manager bei Procter and Gamble haben sich durch ehrlichen Ehrgeiz der hohen Position verdient gemacht.«

Nachdem wir uns voneinander verabschiedet hatten, saß ich noch lange da und rekapitulierte das Gespräch. Unbedingt wollte ich mehr über Günters Zeit bei Infor erfahren. Außerdem wurde es höchste Zeit mit den Interviews von Günters Kontakten zu beginnen.

WORTE VON WEGBEGLEITERN

Das Jahr 2020 begann hektisch. Schlagartig erwachten
Kunden aus den Weihnachtsferien und riefen allesamt nach
einer zeitnahen Lieferung - am besten vorgestern. Günter
tauchte komplett in der Arbeit ab, sodass ich mich vergeblich
darum bemühte ein Interview in der ersten Januarwoche zu
ergattern. Nach einigem Hin und Her fasste ich den
Entschluss Günter erst einmal Geschäftsführer sein zu lassen
und mich in der Zwischenzeit komplett auf die dreißig
Kontakte zu fokussieren, die Günter mir für Interviews
bereitgestellt hatte. Hierzu zählten Arbeitskollegen,
Familienmitglieder und Wegbegleiter der letzten vierzig
Jahre. Anfangen wollte ich mit der L-mobile
Managementrunde, zu der Justine, Christian, Oliver, Pascal
und Daniel gehören. Von meinem letzten Gespräch mit
Günter kreisten mir nach wie vor die Gedanken im Kopf
herum und ich wollte unbedingt mehr über seine Vertrauten
erfahren, die ganz in Würth Manier, die Chance bekommen
haben eigene Gesellschaften innerhalb der L-mobile Gruppe
zu leiten. Willst du ein Unternehmen kennen lernen, schau

dir seine Mitarbeiter an. Als erstes entschied ich mich für ein Interview mit Daniel. Ich rief ihn an und vereinbarte einen Termin.

Daniel Diemer, Geschäftsführer der L-mobile infrastructure GmbH & Co. KG, ist ein hochgewachsener Mittdreißiger mit dunklen Haaren, einem freundlichen Lächeln und ruhigen Art. Ich habe mich in seiner Gegenwart sofort wohl gefühlt und durch seine lockere Haltung ermutigt gefühlt direkt loszulegen. Wie üblich stiegen wir mit einem kleinen Smalltalk ein, worauf eine kurze Zusammenfassung der bisherigen Ereignisse meinerseits folgte. Natürlich waren alle bei L-mobile immer sehr neugierig, wenn sie erfuhren, dass ich ein Buch über Günter schrieb. Nachdem die wichtigsten Infos ausgetauscht waren, fing ich direkt an ihn mit Fragen zu löchern.

»Daniel, wie bist du zur L-mobile gekommen?«

»Pascal Löchner und ich kennen uns schon seit Ewigkeiten. Vor ungefähr fünfzehn Jahren haben wir sogar zusammen in einer WG gewohnt. Neben der Berufsschule haben wir jahrelang zusammengearbeitet und uns ein bisschen was dazu verdient. Dann ist Pascal ausgezogen und wir haben uns für ein paar Jahre aus den Augen verloren. Und dann hat er sich aus dem Nichts wieder bei mir gemeldet und sich erkundigt, ob ich mich nach wie vor im Bereich Infrastruktur, WLAN Ausleuchtung und ähnlichem bewege. Als ich bejahte kam er direkt mit der nächsten Frage um die Ecke - ob ich nicht als Selbständiger für die L-mobile was machen möchte? Das fand ich natürlich super, 2006/2007 hatte ich gerade erst mit meiner Selbständigkeit gestartet und war immer froh über neue Aufträge. Damals kannte ich Günter so gut wie gar nicht. Ich habe ihn vielleicht einmal in Murrhärle auf der

Farm getroffen. Das änderte sich erst, als ich anfing aktiv mit der L-mobile zusammen zu arbeiten. Lange Zeit habe ich mich um WLAN Ausleuchtungen gekümmert und hatte meinen Spaß dabei. An Führung habe ich damals noch gar nicht gedacht.«

»Wie hat es sich dann zur Führung entwickelt?«

»Für mich wurde die Lage 2015 ernst: Mein Vater, der Metallbauer mit eigener Firma war, gab sein Geschäft auf. Da dort auch mein Büro war, musste ich mich kurzerhand auf die Suche machen. Ich vermute Günter hatte da schon seinen Masterplan im Kopf, als er mir direkt Räumlichkeiten zur Miete angeboten hat. Ich bin dann mit meinem Team dorthin gezogen und fühlte mich direkt wohl. Nach und nach arbeiteten wir immer enger mit der L-mobile Infrastructure zusammenarbeiten. Eines Tages kam dann Günter auf mich zu und berichtete mir von diversen Problemen. Die Infrastructure sei nicht ertragreich, sie vertrage sich nicht mit der Solutions und ob ich mir nicht vorstellen könne unterstützend zum Einsatz zu kommen. 2015 wurde ich dann als Geschäftsführer bestätigt und seitdem habe ich ein schlagkräftiges Team aufgebaut.«

»Wie arbeitet ihr heute zusammen?«

»Aktuell steht mir Günter alle zwei Wochen in einem Jour Fixe mit Rat und Tat zur Seite und hält wie ein Vater eine wichtige Beraterrolle inne. Wir treffen uns häufig zum Frühstück um sechs Uhr dreißig, da sind wir beide noch entspannt und niemand stört uns. Meist bringe ich einen Katalog aus aktuellen Themen mit. Das können berufliche Dinge sein, die mich beschäftigen, aber auch private Herausforderungen. Beispielsweise kam ich zu ihm als ich ein Haus bauen wollte. Bei meiner Arbeit lässt er mir viel Freiraum und arbeitet viel über Vertrauen. Wir sind so gut aufeinander abgestimmt, dass wir meist nur eine halbe Stunde brauchen. Hin und wieder bemerke ich aber trotzdem seine Ungeduld. So geht es ihm oft nicht schnell genug und er würde am liebsten schon viel weiter sein. Ich kann ihn verstehen, er ist ein Visionär der alles Mögliche anpackt und sich auch von vorübergehenden Rückschlägen nicht entmutigen lässt. Das sehe ich vor allem an den ganzen Firmen, die im Entstehen sind.«

»Du hast Günter als wichtigen Berater bezeichnet. Was hast du von ihm gelernt?«

»Er ist mir in vielen Dingen ein Vorbild. Ich habe sehr viel von ihm gelernt. Wenn Günter etwas möchte wird er es auch erreichen, dass ist seine große Stärke und eventuell auch Schwäche. Er lässt sich nichts aus dem Kopf schlagen, wenn er sich erst einmal entschieden hat. Er ist rund um die Uhr für die L-mobile im Einsatz und teilweise erwartet er das auch von seinen Mitarbeitern. Diese Zielstrebigkeit ist sein großer Vorteil. Ich merke immer wieder, dass die L-mobile seine Familie und Leben in einem ist. Hier steckt seine komplette Lebensenergie drin. Andererseits hat er gelernt Maß zu halten und kann auch ganz anders sein. Besonders gern erinnere ich mich an eines unserer Sommerfeste. Er hat mit meiner damals vierjährigen Tochter Fangen gespielt, lief an mir vorbei und rief - man hat sie Energie! Ich finde schön, dass Günter auch im beruflichen Umfeld immer Mensch bleibt.«

Zum Schluss fragte ich Daniel über seine Meinung zur L-mobile und im speziellen nach den Karrieremöglichkeiten für

Neueinsteiger. Dabei verspürte ich bei Daniel denselben Enthusiasmus wie bei Günter.

»Wenn ein Mitarbeiter wirklich etwas erreichen möchte, hat er hier die Chance. Günter ist immer gesprächsbereit, wenn es darum geht eine Gesellschaft zu gründen, oder ein neues Produkt zu entwickeln. Aber der Mitarbeiter muss auch selbst die Initiative einbringen. Dass dich jemand den Berg hochzieht das wird nicht passieren. Wir werden in den nächsten Jahren extrem wachsen. Ich sehe komplett positiv in die Zukunft. Es wird natürlich hin und wieder schwierig bleiben, aber wenn alle Vollgas geben wird es klappen. Mit neuen Gebäuden und der nötigen Infrastruktur werden wir bereits versorgt. Damit sind die Weichen für weit mehr gestellt.« Das Gespräch endete mit Energie in der Luft. Am liebsten hätte ich direkt mit dem nächsten Interview weiter gemacht. Das erwies sich allerdings als gar nicht so einfach.

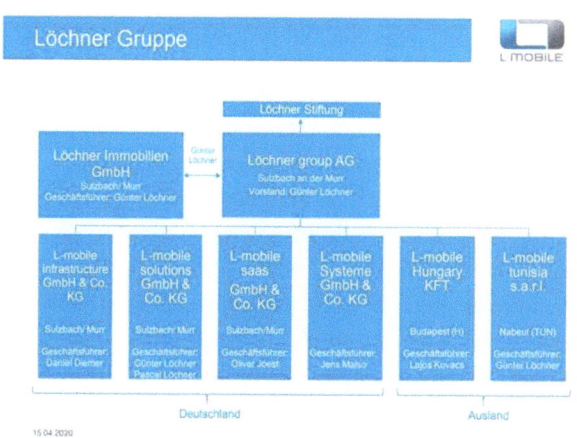

Als Ziel hatte ich mir nämlich ein Gespräch mit unseren Produktmanager und Geschäftsführer der L-mobile Saas GmbH & Co. KG vorgenommen - Oliver Joest. Da er jedoch gefühlt in jedes L-mobile Thema eingebunden ist, fiel es mir entsprechend schwer einen Termin zu bekommen. Glücklicherweise zahlte sich an dieser Stelle die Beharrlichkeit des Projektmanagers in mir aus. Also klebte ich mich an ihn dran und erhielt schließlich die Chance an einem Samstagvormittag mit ihm zu sprechen.

Oliver ist mit über 1,90 Meter sehr groß und schlank, ein aufmerksamer Zuhörer und wie ich aus dem Interview erfuhr, ein Musterbeispiel für einen Autodidakten. Sein Werdegang spiegelt ähnlich wie der von Daniel die Chance bei L-mobile wieder, wenn man bereit ist sich kontinuierlich weiter zu entwickeln.

Ich startete das Interview mit denselben Fragen wie bei Daniel und fokussierte mich zunächst auf die Hintergründe und die Vorgeschichte von Oliver. Anbei ein Auszug aus seinen Antworten.

»Günter und ich haben uns 2001 durch ein Softwareprojekt kennen gelernt. Ich war damals in einer kleinen Infor Beratung in Wuppertal tätig und habe dort ein Praktikum gemacht. Eines schönen Tages kam der dortige Geschäftsführer auf mich zu, berichtete mir von einem großen Projekt in Hamburg und ob ich nicht Lust hätte da mitzumachen. Kurzerhand packte ich ein paar Klamotten und bin losgefahren ohne zu wissen was mich erwartet. Vor Ort habe ich zum einen erfahren, dass es sich um den Kunden Tesa handelt und zum anderen, dass Günter der Projektleiter ist. Er hatte zweimal am Tag große Meetings angesetzt und diese selbst moderiert. Das erklärte Ziel des

Projektes lautete eine Produktionssoftware für Tesa einzuführen. Günter hatte die Infor bereits verlassen und war freier Berater mit seiner neuen Firma. Es handelte sich um ein Krisenprojekt, bei dem Günter die Infor unterstützen sollte. Abends im Hotel führten wir Entwickler ganz typische Meetings durch, bei denen Günter zweimal die Woche dazu kam. Man hat ihn sehr prominent wahrgenommen, immer schick im Dreiteiler und sehr vertrauenserweckend. Günter hat das Kommando gegeben und konnte mit seiner Art Leute bewegen. Andererseits stand er natürlich auch in der Verantwortung das Projekt zum Erfolg zu führen. Nach ungefähr fünf Monaten hatten wir das Projekt mit gewaltiger Kraftanstrengung live, woraufhin Günter das Projekt verließ. Über ein nachfolgendes Projekt bin ich auf einen internationalen Posten in Barcelona beordert worden und habe Günter für eine lange Zeit gar nicht mehr gesehen. Als ich 2003 nach Deutschland zurückkam, habe ich mich als Freelancer selbständig gemacht. Seit dem Tesa Projekt stand ich mit Jens Malso (heute Geschäftsführer der L-mobile Systeme GmbH & Co. KG) in Kontakt, mit dem ich immer wieder zusammenarbeitete. Jens hat damals schon eng mit Günter zusammengearbeitet. 2005 bin ich dann zum L-mobile Sommerfest eingeladen worden und habe Günter wiedergesehen. Prompt hat er mir eine Festanstellung angeboten, ist bei mir dabei allerdings erst einmal auf taube Ohren gestoßen. Ich war noch ganz jung und hatte zu dem Zeitpunkt in meiner Selbständigkeit viele Freiheiten, einen guten Auftragseingang und einen hohen Tagessatz. Somit sind wir wieder auseinandergegangen. In der darauffolgenden Zeit fing es in mir zu arbeiten an und ein Sinneswandel begann sich anzukündigen. Mir wurde bewusst, dass ich als ein Mann-Armee maximal zwanzig Arbeitstage im Monat leisten kann und die wirklich spannenden Themen in der Softwareentwicklung nicht angehen kann, weil man dafür ein großes Team und Ressourcen braucht. Außerdem hatte ich keine Ahnung von Mitarbeiterführung, Unternehmensführung und Finanzmanagement. Da ich trotz allem mit der L-mobile auf selbständiger Basis immer wieder kooperierte, sahen Günter und ich uns zum Sommerfest 2006 wieder. Dabei berichtete ich ihm von meinem Dilemma, woraufhin Günter und Jens mit mir über die Farm und die angrenzenden Felder gelaufen sind und angeboten haben mir das Thema Mitarbeiterführung nahe zu bringen. Ich war schnell überzeugt und unterschrieb für die L-mobile Systeme in Wuppertal. Meine ersten Schritte machte ich somit unter Jens Führung, wobei wir schnell gemerkt haben, dass wir bei technischen Themen gut miteinander auskommen, aber die Personalführung, für die ich ursprünglich angetreten war, zu kurz kommt. Das Epizentrum der L-mobile war schon damals in Sulzbach und da ich von Günter lernen wollte, habe ich mich nach einiger Zeit dazu entschlossen den Schritt zu wagen und nach Sulzbach zu ziehen. Damit begann die spannendste Zeit für mich.«

»Wie hat sich eure Zusammenarbeit in der Folge entwickelt?«

»Günter war positiv gestimmt und sehr offen. Wir einigten uns darauf, dass wir es erst einmal sechs Monate miteinander versuchen wollten und wenn es nicht klappen sollte, ich wieder nach Bonn zu Jens zurückkehren würde. Als nächstes stellte sich die Frage wo ich unterkommen sollte, da es sich für sechs Monate nicht wirklich lohnte etwas Eigenes zu mieten. Günter bot mir auf seiner Farm das Gästezimmer an und somit kamen wir uns auch privat näher. Lukas und Renate lebten ebenfalls auf der Farm, wir waren eine lustige

Truppe. Ich bin mit Günter morgens zur Arbeit gefahren, habe ihn auf Kundenbesuche begleitet und Einblicke in die Personalführung erhalten, ganz wie ich es mir erhofft hatte. Auf der anderen Seite gab es dann noch das Leben auf der Farm. Es war ein großer Kontrast für mich die Schnelllebigkeit der Softwarebranche und die gemächliche Landwirtschaft am selben Tag zu erleben. So musste man auf der Farm im Winter für Warmwasser erst einmal den Ofen befeuern und lange heizen. Darüber hinaus hatte Günter damals noch ungefähr dreißig Rinder zu versorgen. Am Wochenende bin ich immer nach Wuppertal gefahren, anfangs nur um meine sozialen Kontakte zu pflegen und später vor allem um mich auszuruhen. Günter legte damals wie heute ein Arbeitspensum an den Tag, dass mich auf dem Zahnfleisch gehen ließ. Er ging um fünf Uhr morgens aus dem Haus um die Rinder zu versorgen, frühstückte gemeinsam mit mir um sieben, arbeitete bis achtzehn Uhr bei L-mobile und fuhr mit mir zurück auf die Farm. Nach dem Abendbrot blieb er oft noch am Küchentisch sitzen und arbeitete für zwei bis drei Stunden weiter. Somit kam er regelmäßig auf sechzehn Stunden am Tag. Ungefähr neun Monaten später kannten wir uns in und auswendig und ich war immer noch nicht ausgezogen. Die ursprünglich vereinbarten sechs Monate waren regelrecht verflogen. 2008 suchte ich mir dann eine eigene Wohnung.«

Oliver geriet immer wieder in einen Erzählfluss der mir bewusst machte, wie positiv die Erinnerungen an seine Anfänge bei L-mobile waren.

»Wann hast du die Möglichkeit bekommen das erworbene Wissen über Personalführung anzuwenden?«

»Das war ein weiter Weg. Als ich in Sulzbach anfing gab es nämlich kaum Führungsbedarf. Wir waren ein unorganisierter Haufen aus Spezialisten, die sich vor allem auf technischer Ebene ausgetauscht haben. Die Moderation von sogenannten Entwicklertagen würde ich als meinen ersten Schritt in der Führung bezeichnen. Dabei trafen verschiedene Ansichten aufeinander und ich versuchte hauptsächlich zu vermitteln, hatte aber keine Leitungsfunktion inne. Nach und nach machten wir uns daran einen festen Standard in der Entwicklung zu etablieren bei dem ich mich maßgeblich beteiligte. 2009 kam Günter auf mich zu und erwähnte, dass es in der Schweiz Kunden gab, die ein CRM Projekt umsetzen wollten. Das war für uns ein Meilenstein. Zuvor haben wir ausschließlich Individualprogrammierung betrieben und unseren Kunden maßgefertigte Lösung ausgeliefert. Mit dem besagten CRM Projekt verwirklichte Günter seinen Wunsch ein festes Produkt zu haben, das wir immer wieder mit geringfügigen Anpassungen bei den Kunden ausliefern konnten. Die Gesamtverantwortung für den Erfolg des Projektes bot Günter mir an. Zum ersten Mal erhielt ich echte Personalverantwortung über zwei Mitarbeiter. Günter stand mir als Mentor während des Projektes zur Seite und stellte mir sogar einen externen Coach zur Verfügung, der weitere Impulse setzte. Dadurch fing ich auch immer mehr an zu akzeptieren, dass ich eine gute Führungskraft sein kann. Nach und nach wurde ich an verschiedene Aufgabenbereiche herangeführt, beispielsweise wie man gute Mitarbeiter findet, wie man richtig einarbeitet, Telefoninterviews führt und so weiter. Mit der Zeit wurden wir eine große Gruppe die von Günter auch dazu ermuntert wurde Fehler zu machen. Ich bin sehr dankbar für den Freiraum den ich erhalten habe. Günter hat lediglich beobachtet und aus dem Hintergrund unterstützt, in dem er mir hier und da Impulse gesetzt, oder mich bei Entscheidungen beraten hat.«

»Somit sind wir bei der Teamleitung angelangt. Wie ging es weiter?«

»2011 folgte unser zweites Produkt - das L-mobile Service Management System, welches ebenfalls unter meiner Führung entstand. Dazu bauten wir auch ein Demosystem, welches dem Kunden einen ersten Eindruck des fertigen Systems vermittelt. Spätestens mit dem Offline Client für die mobilen Endgeräte kam das Produkt richtig ins Rollen und uns wurde bewusst, welche Tragweite unsere Arbeit hat. Sukzessive hat mir Günter Möglichkeiten geboten mit den Aufgaben und der Verantwortung zu wachsen, bis ich 2017 zu ihm ging und eröffnete, dass ich eine Weltreise machen wollte. Schlagartig wurde uns damals bewusst, wie viele Projekte an mir hingen. Meine Abwesenheit erforderte somit eine Neustrukturierung in der Abteilung. Die Business Unit wurde in drei Teams untergliedert und mit Kandidaten besetzt, die alle aussichtsreich waren. Auf lange Sicht planten wir zu beobachten wer sich als künftige Führungskraft eignet. Diesen Schritt fand ich sehr beachtlich. Günter hatte keine Angst davor Verantwortung zu übergeben und neue Strukturen zu bilden. Manches musste später natürlich wieder geändert werden, aber Günter hatte nie Angst dabei und ging voller Tatendrang voran. Das war eine wertvolle Lektion für mich. Als ich dann Mitglied des Aufsichtsrats sein durfte, fühlte ich mich sehr geehrt. Dort habe ich noch einmal einen anderen Einblick erhalten dürfen und die visionäre Seite von Günter besser kennen gelernt. Er erscheint im Tagesgeschäft manchmal stürmisch, ist in Wirklichkeit aber sehr geduldig. Er kann sich einen Plan machen und an diesem zwanzig Jahre festhalten, wie beispielsweise mit dem Bau der neuen Gebäude. Die ganz großen Ideen bereitet er für sich vor und teilt sie erst später mit dem Aufsichtsrat.«

»Wann war der Moment, als du dich entschieden hast, die L-mobile nicht mehr zu verlassen?«

»Als die ersten 6 Monate vorbei waren, habe ich die L-mobile liebgewonnen und mir wurde schnell klar, dass ich dabei sein will. Ich habe Leute kennengelernt mit denen ich was bewegen kann und die sich alle weiterentwickeln wollen. Als ich anfing war ich fünfundzwanzig Jahre alt und verfolgte den Plan mit fünfunddreißig etwas Eigenes aufziehen. Dafür musste ich aber erst einmal lernen wie. Günter hat alle meine Bedürfnisse über die Jahre vorausgesehen und mir einen Freiraum geboten, der dafür gesorgt hat, dass ich nie den Wunsch hatte die L-mobile zu verlassen. Unsere neue SaaS GmbH wollte ich ursprünglich sogar direkt nach der Weltreise gründen und ganz unbefangen etwas Neues starten. Gleichzeitig haben wir in Deutschland seit einigen Jahren einen Fachkräftemangel und gerade im IT-Bereich merken wir deutlich, dass es an Berufseinsteigern fehlt. Daraus entstand die Idee neue Entwickler in Tunesien zu gewinnen. Dort gibt es jedes Jahr eine große Anzahl an Absolventen, englisch ist Standard und heute ist es sogar so, dass unsere tunesischen Mitarbeiter Deutsch lernen. Als ich gerade von meiner Weltreise zurückgekehrt bin, kam Günter auf mich zu und erzählte mir von der neuen Unternehmung. Für mich passte Tunesien damals perfekt in mein Leben, sodass ich mich sofort bereit erklärte dorthin zu gehen und die Gelegenheit ergriff im Ausland für die L-mobile tätig zu werden. Ich wollte das was ich in Deutschland gelernt hatte in Tunesien anzuwenden. Mir hat es dann so gut gefallen, dass ich eigentlich sogar in Tunesien bleiben wollte. Bevor ich meinen Plan in die Tat umsetzen konnte, rief mich Günter auch schon nach Deutschland zurück und übergab mir die Gesamtverantwortung über die Produktentwicklung. Inzwischen verfügten wir über zwei große Produkte - unser CRM/Sales & Service und Industry/Warehouse. In beiden Bereichen gab es auf Produktebene einige Baustellen, für die ich die Verantwortung übernahm. Für mich war das in Ordnung, Günter wusste, dass ich gerne aktiv mitgestalte und gerne die Chance erhalte in neue Bereich hineinzuschnuppern.«

»Seit 2020 bist du Geschäftsführer der L-mobile SaaS GmbH, Schulter an Schulter mit Günter. Wie ist es dazu gekommen?«

»Zuerst sollte das Thema SaaS im Rahmen unseres CRM Sales & Service Produktes abgebildet werden, nach einigem Hin und Her haben wir uns allerdings dagegen entschieden. Wenn unsere Firmenstruktur es zulässt, dass wir eine neue GmbH gründen, wollten wir auch Gebrauch davon machen. Ich hatte schon lange vorher mit dem Gedanken gespielt und die Idee ist in mir gereift, bis ich schließlich zu Günter gegangen bin und ihn von meinem Wunsch in Kenntnis gesetzt habe. Zu meiner Überraschung erwiderte er folgendes:

Ich warte seit Jahren darauf, dass du sagst du möchtest was Eigenes und ich unterstütze dich dabei.

Kurz und knapp auf den Punkt. Ohne Zweifel. Das hat mir viel Mut gemacht. Ich bin sehr dankbar für den Vertrauensbeweis, den Günter mir sofort geliefert hat. Die eigene Firma ist jetzt die Verwirklichung meines Traums. Einerseits kann ich weiterhin mit Günter zusammenarbeiten und andererseits mein eigenes Unternehmen gestalten. Als Geschäftspartner kann ich mir keine bessere Person vorstellen als Günter. Das sehe ich allein schon an der Beziehung und dem Umgang mit seinen Söhnen. Zwischen ihnen herrscht sehr viel Wertschätzung, obwohl es theoretisch viel Konfliktpotenzial gibt, wenn man Arbeit und Familie vermischt.

Das Modell Inhabergeführtes Unternehmen macht er zu einem Erfolgsmodell - wie Bosch und Würth. Den Spirit den Günter verkörpert finde ich klasse. Als ich anfing hatte ich kein Vorbild von erfolgreichem Unternehmertum, bis ich Günter getroffen habe. Die L-mobile mitten im Schwabenland hat mich Bodenständigkeit und den richtigen Umgang mit Geld gelehrt. Dafür bin ich sehr dankbar.«

»Wie bewertest du die Zukunft der L-mobile?«

»Hinter der L-mobile steht etwas. Beispielsweise die Stiftung, über die wirklich wichtige Inhalte geschaffen werden können. Diese Dinge können auch komplett abstrakt sein und durch das L-mobile Vehikel gespeist werden. Ich kann mir vorstellen, dass wir uns darauf konzentrieren mehr Frauen in technische Berufe einzubringen, oder auch mehr IT-Wissen in der Bildung zu platzieren. Auf jeden Fall ist durch L-mobile ein gesellschaftlicher Einfluss möglich. Nach der ganzen Zeit die Günter und ich miteinander verbracht haben, sind wir einerseits sehr professionell geworden, gleichzeitig sehr freundschaftlich geblieben. Ich freue mich immer, wenn ich ihn sehe, jetzt besonders, da wir nicht mehr viel Zeit beruflich zusammen verbringen, eher in großen Strategiemeetings und Personal Meetings. Wir wissen beide vorab welche Position der andere vertreten wird und das macht auch in der Zukunft unseren Erfolg aus. Ich vertraue ihm grenzenlos und kann mich immer auf ihn verlassen. Was die Mitarbeiter betrifft, so haben wir im mittleren Management Nachwuchsführungskräfte, die für L-mobile brennen. Wie jedes Unternehmen das sich im Wachstum befindet, müssen auch wir uns die Frage stellen, wann wir zu viel Zeit in Verwaltungstätigkeiten investieren und wann wir vielleicht durch die Qualifizierung von neuen Führungskräften Platz für frisches Herzblut schaffen möchten. Hierbei vertraue ich ganz auf Günter, er kann am besten einschätzen wann der richtige Moment dafür kommt. Ansonsten glaube ich, dass wir bei L-mobile heterogen genug sind, dass immer neue Ideen kommen und immer neue Innovationen vorangebracht werden. Auch die Internationalisierung voranzutreiben wird ein großes Thema sein. Dabei unsere Werte aufrecht zu erhalten, wird die größte Herausforderung darstellen.«

»Dein besonderer Moment bei L-mobile?«

»Das war beim Sommerfest 2006 auf Günters Farm. Wir haben ein großes Lagerfeuer gemacht und sind dann spät am Abend auf Heuballen eingeschlafen. Als wir wieder aufgewacht sind und uns alle angesehen haben, das war ein toller Moment. Es hat mir gezeigt, dass Günter ein nahbarer Mensch ist, nicht nur ein Geschäftsführer. Einige Zeit später, als ich auf der Farm lebte, sind Günter und ich gemeinsam joggen gegangen und dieses Vorgehen gipfelte 2009 in New York, als wir dort am Marathon teilgenommen haben.«

Nach dem Interview hatte ich das Gefühl, Günter und seine Beweggründe hinter der L-mobile schon etwas besser zu verstehen. Es geht ihm nicht darum der nächste Big Player zu werden, sondern eine Idee mit Substanz, Zusammenhalt, Wertesystem und Langlebigkeit zu schaffen. Deswegen arbeiten langgediente Manager wie Oliver auch nach wie vor gerne bei und an der L-mobile. Das Unternehmen ist schon lange zu einer gemeinsamen Vision geworden. Damit hatte ich auch schon meine nächste Zielperson für ein Interview ausgesucht. Christian Gmehling, dem Kopf Marketing Teams. Federführend trägt er seit Jahren die Verantwortung dafür Günters Vision nach außen zu tragen, sodass junge Köpfe davon angezogen werden und Geschäftskunden Interesse zeigen. Da Christian ebenfalls zum Aufsichtsrat gehört und somit zu Günters engsten Vertrauten zählt, versprach ich mir viel vom nächsten Gespräch und war voller Neugier und Vorfreude.

Christian ist seit sieben Jahren Teil der L-mobile. Er ist ein angenehmer Gesprächspartner, der bedacht und ruhig antwortet. Schnell wurde mir klar, dass Christian für die Firma genauso brennt, wie Daniel und Oliver und wieder beschlich mich die Frage, warum es so ist. Finden wir es heraus.

»Wie bist du zur L-mobile gekommen und was waren deine ersten Schritte im Marketing?«

»Das war im Januar 2013. Bei meinem Vorstellungsgespräch saß ich plötzlich Günter, Oliver, unserer ehemaligen Personalerin und dem damaligen Vertriebschef gegenüber. Als erstes stellte ich mir die Frage, warum so viele Teilnehmer einen jungen Kerl wie mich anschauen möchten. Später verriet mir Günter, dass er sich ein vollumfängliches Bild machen und dazu Feedback von möglichst vielen verschiedenen Quellen erhalten wollte.

Damals gab es bereits eine Marketingabteilung mit fünf Mitarbeitern, aber wirklich aktiv waren wir noch nicht. Gerade am Internetauftritt musste noch ordentlich gefeilt werden. Als ich anfing, wurde ich mehr oder weniger direkt ins kalte Wasser geworfen, indem ich auf der LogiMAT (Fachmesse für Intralogistik-Lösungen und Prozessmanagement) die Organisation übernehmen sollte, inklusive Personalplanung, Budgetplan, Auf- und Abbau - eben alles was man für eine Messe braucht. Wir saßen im Auto auf dem Weg zur Messe und auf einmal fragte mich Günter: Du hast im Bewerbungsgespräch gesagt, dass du kreativ bist, woran merke ich denn das? Daran habe ich ganz schnell gemerkt, dass er sich nicht mit pauschalen Antworten abspeisen lässt. Ich weiß nicht mehr genau was ich darauf geantwortet habe, aber ich habe im Nachhinein noch oft über die Frage nachgedacht. Günter hatte mich gemäß unserem Bewerbungsgespräch beim Wort genommen und mir von Anfang an sehr viele Freiheiten eingeräumt und das ist für mich auch über die Jahre hinweg am wichtigsten geblieben. Zurück zur Messe: Ich habe während der Veranstaltung verschiedene Listen, Feedbackbögen, Anfragen und Zettel zum Ausfüllen verteilt und diese dann panisch wieder eingesammelt in der Befürchtung ja keinen potenziellen Kontakt zu verlieren. Zurück im Büro musste ich jedes einzelne Dokument, es waren über dreihundertfünfzig Papiere, auf dem Drucker auflegen, scannen, digitalisieren und dann noch im CRM System einpflegen. Es war ein riesiger Arbeitsaufwand. Eine der ersten Anschaffungen, die durch mich angeregt wurde, war danach der Erwerb eines Hochleistungsscanners.«

»Wie hast du in den folgenden Jahren das L-mobile Marketing fit gemacht?«

»Als erstes musste ich lernen wie man am besten mit Günter zusammenarbeitet. Dass er viele Freiheiten lässt, habe ich ja bereits erwähnt. Gleichzeitig stellt er aber ganz konkrete Anforderungen. In meinem Fall ging es um Leads die wir über unser Telemarketing gewinnen wollten. Gerade am Anfang konnte ich allerdings nicht genau sagen, wie viele Leads wann kommen. Deswegen habe ich immer, wenn Günter nach Leads gefragt hat geantwortet, dass ich kein Lead Baum bin, an dem er schütteln kann. Obwohl ihn die Antwort sicher nicht befriedigt hat, hat er mich schnell verstanden und viel Geduld mit mir bewiesen. Er räumte mir mehr Raum ein und ich konnte neue Geschäftsprozesse im Marketing etablieren, mit denen wir besser gefahren sind als bislang. Meine Aufgabe beinhaltete jedoch nicht nur die Arbeit nach Außen, sondern auch nach Innen. Ich weiß noch, dass es keine Vereinheitlichung von Berufstiteln gab. Es konnte sich jeder nennen wie er wollte - Kaiser von China zum Beispiel. Die Titel die wir heute in der Unternehmenskultur pflegen, Junior Projektmanager, Sales Manager, Head of Marketing und so weiter, sind somit aus meiner Feder entstanden. Dabei habe ich auch gelernt, dass Fehler immer wieder passieren, egal wie gut man es meint und dass manche Fehler zu machen sogar etwas Gutes haben kann. Günter ließ mir dabei den Raum für Fehler und auch die Zeit daraus zu lernen.

Die größte Rolle spielt bei mir allerdings das Wertegerüst. Günters höchster Wert ist seine persönliche Freiheit. Er macht das alles um frei zu sein. In der L-mobile sehen wir das gespiegelt - keine Shareholder, Investoren oder Fremdkapital. Bei aller Freiheit sind ihm die Menschen noch wichtiger. Er möchte mit ihnen wertvoll umgehen und schauen, dass es ihnen gut geht. Er ist kein typischer Gutmensch, im Gegenteil, er legt einen großen Fokus auf das Wohl seines Unternehmens und wenn Menschen da sind, die dem

Unternehmen schaden und dem Fortkommen schaden, dann trennt er sich von ihnen. Nicht bösartig, aber schon mit Nachdruck. Er ist unglaublich offen und manchmal etwas hart. Das habe ich mir tatsächlich auch etwas abgeschaut. Er hat zu mir mal gesagt: Die Menschen schätzen es, wenn du zu ihnen wirklich offen bist. Weil sie dann wirklich wissen woran sie sind. Natürlich kam es im Rahmen der letzten Jahre auch zu Trennungen. Das ist unvermeidlich, wenn man sich weiterentwickelt. Entweder bleibt eine Partei auf der Strecke, oder man entwickelt sich in verschiedene Richtungen. Je weiter das Marketing gedieh, desto mehr Führungserfahrungen durfte ich machen. Mit Kündigungen tat ich mich aber immer sehr schwer. Wenn derjenige den du kündigst nicht versteht warum du ihn kündigst, ist es ein Führungsfehler. Ich bin dabei nach wie vor sehr hart zu mir und kann noch wochenlang über Personalgespräche nachgrübeln. Die L-mobile hat inzwischen ein Chancen-Gespräch eingerichtet, bei dem klar kommuniziert wird: Wir haben folgende Situation und wenn sich das nicht einstellt, müssen wir uns von dir trennen. Man vereinbart einen Bereich von 3 Monaten und definiert genau was sich verändern muss damit die Mitarbeiter einen klaren Fahrplan haben und genau wissen worum es geht und woran sie sind.«

»Wie hat sich euer Vertrauensverhältnis entwickelt?«

»Günter macht keinen Unterschied zwischen seiner Familie und jedem anderen Menschen. Beispielsweise behandelt er seine Söhne Pascal und Lukas wie dich und mich. Das ist ihm sehr wichtig. Seine Kinder sollen nicht alles viel einfacher haben, sie sollen sich ihre Erfahrung erarbeiten wie er auch. Das schätze ich sehr, dass er alle gleich behandelt. Mann, Frau, Berufseinsteiger, Azubi, Senior, jeder hat die gleichen

Chancen. Mitarbeiter denen Günter etwas Großes zutraut beobachtet er sehr genau. Ich denke ein großer Pluspunkt in meiner Beziehung mit ihm waren unsere Gehaltsgespräche. Während viele Mitarbeiter jedes Jahr zum Jahreswechsel in sein Büro stürmen und die Hand aufmachen ohne etwas anzubieten, ihn unter Druck setzen und ihr Leid klagen, habe ich mir gesagt, dass ich nicht selbst aktiv nach einer Gehaltserhöhung fragen wollte. Stattdessen kam Günter auf mich zu und sagte mir, wir müssen das Gehalt anheben. Daraufhin habe ich ihn wissen lassen, dass ich mir etwas überlegen werde. Zum vereinbarten Termin erschien ich dann mit einem Video, indem ich einen Vergleich zog, welche Prozesse im Marketing vor meiner Ankunft bei L-mobile existierten und was neu eingeführt worden ist, seit ich hier bin. Zuletzt zeigte ich noch ein wenig was noch alles werden kann in den nächsten Jahren. Dabei betonte ich, dass mir die Perspektive wichtig ist und ich lieber stufenweise das Gehalt erhöht bekomme, als viel auf einmal. Dann habe ich auch das Gefühl es mir verdient zu haben und hineingewachsen zu sein. Außerdem möchte ich, dass wir dabei auch berücksichtigen wie es der L-mobile geht. Ich möchte nicht, dass eine einfache Erhöhung eine Belastung ist, oder den Kollegen gegenüber unfair ist. Als ich fertig war, war Günter massiv beeindruckt. Seitdem haben wir ein viel tieferes Vertrauensverhältnis.«

»Wie laufen eure Meetings ab?«

»Günter möchte sehen, ob ich alles unter Kontrolle habe. Wir konzentrieren uns auf das Sachliche. Letztlich merke ich ihm den Moment an, indem seine Fragezeichen alle beantwortet sind. Sobald das erreicht ist, kommt Günter immer selbst ins erzählen und holt sich auch Ratschläge von mir ab. Nicht weil er Ratschläge braucht, sondern weil er Leute braucht die ihm helfen seine Wahrnehmung zu vervollständigen. Lange Zeit haben wir nur über interne Themen gesprochen. Heute sprechen wir überwiegend über den Markt an sich. Das liegt unter anderem daran, dass sich das Marketing bei L-mobile in den letzten Jahren stark verändert hat, eben weil wir uns den Markt genau angesehen haben. So gehen wir nicht mehr auf Messen, sondern konzentrieren uns sehr auf das Online Marketing, frische Leads und seit neuestem auch auf Social Media.«

»Was für einen Stellenwert nimmt die L-mobile bei Günter ein?«

»Es ist für ihn die Luft zum Atmen, auf diesem Niveau ist es glaube ich. Es ist alles für ihn, Zeit, Geld, er steckt alles rein. Er ist bereit alles zu geben und gibt alles. Wenn sich Günter zwischen Familie und Unternehmen entscheiden muss, entscheidet er sich für die Familie, schaut aber, dass das Unternehmen trotzdem wächst. Er ist sehr hartnäckig und geduldig, obwohl er gleichzeitig viele Dinge sofort haben möchte. Ich kann dafür mal ein Beispiel geben: Ich habe erwähnt, dass mein einziger Konflikt mit Günter, wenn wir es wirklich Konflikt nennen wollen, sich auf eine konkrete Prognose zu Leads bezog. Einige Zeit später hatten wir eine Führungskräfteschulung. Dabei wurde auch ein Rollenspiel gemacht, bei dem es um Konflikte ging. Kurzerhand habe ich mein damals aktuelles Beispiel mit Günter angebracht und durfte auch sogleich Günters Rolle spielen. Jemand anders spielte mich und wir sollten uns gegenseitig von unseren Standpunkten überzeugen und den Konflikt lösen. Lustigerweise habe ich es tatsächlich geschafft das Problem aufzulösen und in der Realität umzusetzen.

Mir ist klar geworden, dass ich gerne eine Zahl liefere zu der ich zu einhundert Prozent stehen kann, während Günter lieber einhundertzwanzig Prozent nennt und dann 90 Prozent erreicht. Das sind verschiedene Vorgehensweisen aber im Grunde dasselbe Ergebnis. Günter versucht nicht ganz realistisch vorzugehen und lieber groß zu planen. Ich glaube das macht einen guten Unternehmer aus, sich auch mal eine Vision auszumalen und sich das Unerreichbare vorzunehmen.

Das L-mobile Marketing hat sich weiterentwickelt. Das was mich an L-mobile begeistert, ist die Möglichkeit sich aktiv einzubringen, etwas zu bewegen und aktiv zu verändern. In einem Konzern musst du überspitzt formuliert für jede Entscheidung im Marketing einen Arbeitskreis bilden und dann darüber diskutieren, ob du einen Pixel von links nach rechts bewegen darfst. Niemand hat die Verantwortung und man schiebt Probleme und Herausforderungen hin und her. Bei L-mobile arbeitet man um etwas wirklich gut zu machen.«

Nachdem ich die Infrastruktur, das Produktmanagement und Marketing interviewt hatte, wurde es Zeit sich den Finanzen zuzuwenden. Im Fall der L-mobile wird die Finanzabteilung seit 2009 von Justine Schinzel repräsentiert.

»Wie kamst du zur L-mobile?«

»In der Zeit der Rezession 2009/2010, kam ich von der Coca-Cola, die von der Krise sehr getroffen wurde. Zuvor war ich als Vertriebsinnendienstleiterin und ausschließlich in Konzernen tätig. Zunächst hatte ich mich als Assistentin der Geschäftsleitung bei L-mobile beworben. Damals hatte L-mobile vielleicht fünfzig Mitarbeiter. Das war eine ganz andere Welt für mich. Vieles lief auf Zuruf, unsystematisch und spontan, während heute die Arbeitsweise sehr strukturiert ist. Es gibt für alles einen bestimmten Prozess, eine Beschreibung, Ansprechpartner und Hilfestellungen.

Günter war bei meinen Vorstellungsgesprächen direkt dabei und war zunächst etwas irritiert, ob er die richtige Person vor sich hatte. Da das Bewerbungsbild eine blonde Frau zeigte und ich ihn in dunklen Haaren begrüßte. Seine Reaktion machte ihn sehr sympathisch. Am Anfang war mir auch überhaupt nicht richtig bewusst, dass ich mit dem Geschäftsführer spreche, es gab auf der Homepage damals nämlich kein Foto von ihm.

Das Gespräch ging dann ganz unscheinbar los, die typischen Bewerbungsfragen wurden gestellt und ich hatte ein ganz gutes Gefühl, bis ich gefragt wurde, ob ich ebenfalls Fragen hätte. Da fragte ich Günter wie er seinen Return of Investment berechnet. In diesem Moment wurde er hellhörig, fragte mich über mein Studium aus und damit war mein Schicksal besiegelt. Ich wurde nach Hause geschickt und ein paar Tage später angerufen. Wenn ich sofort auf die LogiMAT in Stuttgart fahren würde, habe ich den Job. Diese Chance ergriff ich direkt und habe mich durch die Besucherströme zum Stand der L-mobile durchgekämpft. Im Nachhinein hätte ich anhand dieser Aktion erahnen können wie dynamisch die L-mobile als Unternehmen ist und Flexibilität geschätzt wird. Auf der Messe habe ich dann zum ersten Mal Pascal getroffen, der steif behauptet hat, er wäre Herr Löchner. Ich wusste nicht, dass Günter einen Sohn hat und war höchst verwirrt, das war sehr lustig.

Vergessen war die Stelle als Assistenz, ich durfte direkt ins Controlling. Mit der Zeit erfuhr ich, dass es in Bezug auf

Günters Assistenten bei L-mobile einen regelrechten Running Gag gab: Immer, wenn Günter sich eine Assistenz einzustellen versuchte, wanderten diese nach kurzer Zeit ab. Erst wechselte meine Vorgängerin Frau Rose in den Human Ressource Bereich, weshalb die Stelle überhaupt erst frei wurde. Dann kam ich und ging direkt ins Controlling und nach mir kam Olga, die schließlich im HR landete. Das war immer sehr lustig mit anzusehen.«

»Wie waren die ersten drei Jahre mit Günter?«

»Im Prinzip ging es von Anfang an darum ein starkes Controlling aufzubauen. Günter hat auf Papier gerne Ideen aufgezeichnet, was er sich vom Controlling wünscht und ich war immer zur Stelle - meist mit Haaren, die mir zu Berge standen. Es gab nämlich noch kein ERP für das Controlling und somit fehlte mir eine solide Grundlage um ordentliche Auswertungen zu fahren. Diese Kleinigkeit hat Günter nicht daran gehindert seine Visionen weiter vorzutragen. Zu unserer ersten großen Aufgabe wurde es, ein ERP System einzuführen. Nach einigem Hin und Her entschieden wir uns für Microsoft Navision. Als die Einführung erfolgreich abgeschlossen wurde, erhielt ich relativ früh die Chance, den gesamten kaufmännischen Bereich zu führen. Wenn Günter merkt, dass sich die Leute reinhängen, gibt er Ihnen schnell mehr Verantwortung. Er schätzt es, wenn man mit dem Herzen richtig dabei ist. Seit 2014 hat sich unsere Zusammenarbeit entscheidend entwickelt. Nachdem wir 2011 und 2012 durch finanziell anspruchsvolle Zeiten gegangen sind, erholten wir uns und seitdem läuft es sehr gut. Jede Woche auf die Zahlen zu sehen hat uns zusammengeschweißt. Für mich war es zunächst ganz neu, dass sich ein Geschäftsführer so stark auf seine Mitarbeiter verlässt und ihnen so viel Vertrauen entgegenbringt. Für mich ist das eine sehr wertvolle Erfahrung.«

»Was schätzt du heute in eurer Zusammenarbeit?«

»Günter verstellt sich nicht und benimmt sich sehr authentisch. Ich habe das Gefühl wir können unsere Mimik sehr gut lesen, das ist sehr lustig. Beispielsweise klappt seine Kinnlade herunter, wenn er über den Inhalt einer Aussage schockiert ist, oder nicht mit einer solchen Antwort gerechnet hat. Oder er meldet sich mit einer neuen Idee bei der die Auswertung natürlich ganz automatisch vom System ausgespuckt wird. Meist ist es dann noch nicht so automatisch wie gedacht, dafür jedoch anitamitisiert – d.h. Anita, Günters rechte Hand kümmert sich in mühsamer Auswertungsarbeit automatisch darum.

Ich schätze, dass er die Leute die ihm am Herzen liegen, versorgt wissen möchte, auch seine nächsten Mitarbeiter. Hier schaut er persönlich mit drauf, dass es den Leuten gut geht. Ich merke aber auch, dass er sich teilweise zu viel belastet und besonders im operativen Geschäft zu tief involviert ist, was an anderen Stellen Energie kostet. Im Konzern habe ich sehr viel Negatives erfahren. Die familiäre Atmosphäre von L-mobile beginnt bei Günter und seiner Ausstrahlung und das schätze ich sehr. Privat ist Günter eine Frohnatur, gelöst und locker. Wir pflegen eine freundschaftliche Arbeitsbeziehung, die auf gegenseitigem Respekt beruht.«

»Was bedeutet die L-mobile für Günter?«

»Die Firma ist wie ein eigenes Kind. Er hegt und pflegt sie. Manchmal muss man harte Worte sprechen, aber man liebt sie trotzdem. Es ist sein Lebenswerk. Günter möchte für die

Nachwelt etwas hinterlassen. Man soll seine Fußspuren finden. Deshalb auch die Stiftung. Diese war schon seit 2011 in Planung. Günter möchte auch etwas für die Gesellschaft tun. Durch die Stiftung wird das möglich gemacht. Günter möchte sich dann im Bereich Gesundheit, Bildung und Sport engagieren. Auch der Stiftungszweck spiegelt seine Persönlichkeit wieder - die L-mobile soll niemals verkauft werden an externe Investoren, die kein Herzblut damit verbinden. Das ist auch der Grund warum viele langgediente Mitarbeiter am Ball bleiben. Sie teilen diese Vision, das treibt jede Führungskraft hier an und macht die Vorteile bei L-mobile aus. Ich vergleiche jetzt einmal überspitzt Konzerne und mit unserem Mittelständler: Du wirst nicht auf eine Position gesetzt, auf der du einen ganz engen Radius hast, sondern die ganze Welt steht dir offen. Du musst deinen Weg finden und Hand in Hand mit Günter umsetzen. Leitplanken weg, Stützräder weg und einfach losfahren. Das ist das was mich an L-mobile fasziniert. Die Gestaltungsmöglichkeiten sind grenzenlos. Die Menschen sind offen, Hierarchien sind flach und offene Ohren gibt es genug. Letztlich haben wir anhand dieser Vorteile auch das Potenzial weit mehr Mitarbeiter zu haben. Aber die Frage ist, wie viele ziehen mit? Die Teams werden größer, die Verantwortung wird größer, man braucht mehr Kapital und mehr Führungskräfte. Wenn die Mitarbeiter mitziehen und an der Vision festhalten, lautet meine Frage ob der Spirit und die Werte auch bei tausend Mitarbeitern erhalten bleiben. Günter sucht sich Mitarbeiter aus, die zu den Werten der L-mobile passen, das ist ihm sehr wichtig.«

»Wie lange wird Günter noch aktiv arbeiten?«

»Da gibt es einen Running Gag, dass Günter irgendwann mit Krückstock ins Büro kommen und nach den aktuellen Zahlen fragen wird. Ich glaube nicht, dass er je in den Ruhestand gehen wird, er lebt L-mobile einfach. Es wird allerdings in einer anderen Rolle sein. Irgendwann wird sich Günter aus dem operativen Geschäft zurückziehen und eine beratende Rolle einnehmen. Sein Sohn Pascal und einige Führungskräfte werden dann weitermachen. Günter hat die Manager handverlesen und sichergestellt, dass sie sein Wertesystem teilen. Die Tatsache, dass seine Kinder sein Lebenswerk teilen, gibt Günter einen Motivationsschub. Was kann dir als Unternehmer Besseres passieren, wenn du weißt, dass deine Idee weitergetragen wird, von der eigenen Familie und denjenigen, denen du am meisten vertraust?«

Neugierig geworden von der Familie bin ich auf Pascal Löchner, Head of Sales zugegangen und habe ihn nach seiner Arbeitsbeziehung zu Günter befragt:

»Wie war es für dich Günter erst als Vater und dann als Vorgesetzten zu haben?«

Mein Vater hat schon immer viel gearbeitet, noch vor Infor und L-mobile. Wenn er nicht gearbeitet hat, hat er an Häusern gebaut oder in der Landwirtschaft geackert. Ich durfte ihm schon früh zur Hand gehen und noch lernen Kühe zu melken. Die Arbeitsmentalität von Günter ist mir bereits als Kind aufgefallen. Irgendwie arbeitete er mehr, länger und intensiver als andere Väter. Er hat mir gezeigt, dass man hart für seine Träume arbeiten muss. Nur dann kommt auch ein Ergebnis dabei raus. Das hat er mir nicht aktiv beigebracht, sondern vorgelebt und meinen Ehrgeiz geprägt.

Tatsächlich war die L-mobile nicht unsere erste berufliche Begegnung. Wenn ich als Jugendlicher, oder junger Erwachsener Zeit hatte, habe ich gearbeitet. Zwischen dem Schulabschluss und dem Ausbildungsbeginn wollte ich nicht untätig herumsitzen und habe damals von meinem Vater einen Job bei Infor als Aushilfe bekommen. Wenn sich früher ein Unternehmen für die Anschaffung eines ERPs entschieden hat, erhielt man die Software auf einer CD-ROM. Große Unternehmen wie Infor hatten dafür sogar eine eigene Abteilung, die nur dazu da war CDs zu brennen. Und genau dafür war ich zuständig. Wir fertigten die CDs, bedruckten und verpackten sie. ich fand es unglaublich spannend mit Günters Welt in Berührung zu kommen, auch wenn er damals bereits Vorstand war und ich ihn als Aushilfe gar nicht zu Gesicht bekam. Optisch hätten wir nicht verschiedener sein können, ich mit bunten Haaren in der Brenner Abteilung und Günter im Dreiteiler. Zum ersten Mal stelle ich mir gerade die Frage, wie das wohl damals für Günter war (lacht). Mit sechzehn habe ich noch einmal einen Job von ihm bekommen und habe in den Sommerferien beim Bau der späteren L-mobile Gebäude mitgeholfen. Das fand ich wesentlich spannender als CDs zu brennen. Ich wollte mit meiner Arbeit immer etwas schaffen, dass im Nachhinein auch greifbar ist, etwas zum Anfassen. Was könnte es besseres geben als ein Gebäude zu errichten?

Einige Jahre später hat mein Vater die L-mobile gegründet. Als das passierte, bin ich gerade um die Welt gezogen. Ich hätte mir damals niemals vorstellen können mit Günter zusammenzuarbeiten. Im Oktober 2009 war ich gerade raus aus dem Eventmanagement und wollte mir schon einen Job als Industriemechaniker suchen, als unser damaliger L-mobile Aufsichtsrat bei einem gemeinsamen Essen mit

Günter vorschlug mich bei L-mobile starten zu lassen. Mir stellte sich aber vor allem die Frage, was ich denn bei der L-mobile machen sollte. Ich hatte weder Ahnung von Informatik, noch von Wirtschaft. Schließlich drehten sich alle zu mir um und meinten ich könne ja gut reden und das wäre im Vertrieb schon einmal das Wichtigste. Zudem hatte Dieter Bauer einen Monat vorher bei L-mobile gestartet und ich hatte direkt ein erfahrenes Vorbild, von dem ich mir viel abschauen konnte. Günter war damals Vertriebsleiter, somit war er mein direkter Vorgesetzter. Natürlich hatten wir beide auch Bedenken und wir haben uns die Frage gestellt: Was passiert, wenn es uns auseinander trägt?

Daraufhin haben wir einen Pakt geschlossen und unsere familiären Prinzipien schriftlich niedergeschrieben. Schließlich haben wir den Brief in einen Umschlag gepackt und sicher weggeschlossen. Den Umschlag gibt es heute noch. Im Grunde stand drin, dass die Familie an oberster Stelle steht und uns das Geschäftliche nicht auseinandertreiben darf.

Ich fing also an mit folgender Ausgangssituation: Wir hatten ein CRM System mit 50.000 Stammdaten (Firmennamen, Adressen, Telefonnummern), ein paar Click Dummys und einer großen Portion Optimismus. Ich sollte direkt zum Hörer greifen. Der einzige, der wusste wie es richtig geht, war Dieter. Von ihm habe ich viel gelernt. Von Günter habe ich eher Mentoring zu Geschäftsprozessen erhalten. Aktive Tätigkeiten hatte ich mit Günter in den ersten Jahren nur, wenn ich einen konkretes Kundenpotenzial an der Hand hatte. Dann sind wir gemeinsam zum Kunden gefahren. Im Vergleich zu heute hatten wir damals noch sehr viel Messebetrieb. Günter und ich sind dann einige Jahre in Folge zur LogiMAT gefahren. Dabei habe ich mich vor allem darum bemüht zu lernen, Visionen in Verkaufsgesprächen wie Günter zu transportieren. Ich schaute mir an wie er sich mit Kunden unterhielt und ihre Bedürfnisse konkret in L-mobile Sprache verpackte. Behandelt hat er mich wie jeden anderen Mitarbeiter auch, somit würde ich heute behaupten, wir haben die Vater-Sohn-Beziehung gut auseinandergehalten.«

»Wie sah dein weiterer Werdegang bei L-mobile aus?«

»Die ersten zwei Jahre würde ich als Lernphase bezeichnen. In meinem dritten Jahr habe ich einen Umsatz von sechshunderttausend Euro erwirtschaftet und damit das Gefühl gewonnen, dass ich hier richtig bin. Mit der Zeit habe ich angefangen über den vertrieblichen Tellerrand hinweg zu sehen und mich aktiv für die Geschehnisse im und um das Unternehmen zu interessieren. Unter anderem hatten wir damals unseren Business Partner proALPHA noch nicht. proALPHA hatte damals noch keinen Partner für eine mobile Lösung und diese Partnerschaft zu etablieren, war mein erstes großes Projekt auf Unternehmensebene. Ich habe es gern übernommen, auch wenn von allen Seiten Stolpersteine in den Weg kamen und ich auch noch keine große Erfahrung hatte. Letztendlich hat es aber gut geklappt und heute gehört die Partnerschaft zu unseren stärksten Vertriebskanälen. Zeitgleich damit habe ich dann den Sprung vom Vertriebler zum Business Unit Leiter gemacht. Nachdem ich die Partnerschaft mit proALPHA etabliert hatte, kam Günter auf mich zu und wollte, dass ich auch bei der Umsetzung der ersten proALPHA Projekte dabei bin. Im Anschluss darauf erhielt ich drei feste Mitarbeiter, die sich ausschließlich darum kümmern sollten und zum ersten Mal hielt sich

Günter komplett raus. Das war neu für mich und eine spannende Erfahrung. Ich habe die Gesamtverantwortung getragen und bin bis heute stolz darauf, dass wir eine Reihe von Erfolgen verbuchen konnten. Das hat Günters Vertrauen in mich bestärkt. Als das Geschäftsfeld immer weiter wuchs wurde mein kleines proALPHA Team eingestampft und gegen das heutige Projektteam ersetzt. Auf persönlicher Ebene war 2017 mein erfolgreichstes Jahr als Vertriebler mit zweieinhalb Millionen Euro Auftragseingang.

Im Anschluss stellte sich die Frage: Wie machen wir weiter? Ich wusste mein Herz schlägt für die L-mobile. Günter wusste es auch. Wegen dem Geld habe ich das nie gemacht. Ich wollte dabei sein, wenn etwas Großes entsteht. Im Vertrieb kann man gutes Geld verdienen, wenn man für einen hohen Auftragseingang sorgt. Die Provisionen sind sehr großzügig. Schließlich kam Günter auf mich zu und fragte mich: Pascal entscheide dich, Provision, oder Führungskraft. Ich entschied mich für die Laufbahn einer Führungskraft und wurde zum Head of Sales. Daraufhin habe ich meine Provisionen größtenteils in die L-mobile investiert und zehn Prozent an der Löchner Group erworben. Heute bin ich mir sicher, dass Günter mich damit auch getestet hat, ob ich wirklich mit Herzblut an unsere Sache glaube, oder für den kurzfristigen Erfolg, für das Geld arbeite. Diese Erfahrung hat uns beide noch näher zusammengeschweißt. Im Anschluss begann der schleichende Prozess zum zweiten Geschäftsführer. Auch hier gibt es noch viel für mich zu lernen. So wie ich am Anfang keinen Vertrieb konnte, dann keine Team- oder Abteilungsleitung beherrscht habe, musste ich erst lernen was es heißt Geschäftsführer zu sein. Der Lernprozess geht täglich weiter. Ohne Günter hätte ich viele Anfängerfehler gemacht. Ich profitiere von seiner Erfahrung. Gleichzeitig kann er anfangen ein wenig Last von seinen Schultern auf meine abzugeben und ich freue mich ihn etwas entlasten zu können.«

Zu guter Letzt wollte ich noch mit Anita Fischer - Günters persönlicher Assistenz sprechen.

»Wie bist du auf die L-mobile aufmerksam geworden?«

»Ich habe vor fünf Jahren aktiv nach einem Wechsel gesucht und bin bei L-mobile schnell fündig geworden. Damals war eine Assistenzstelle ausgeschrieben und ich habe mich direkt darauf beworben. Zum 01. August 2015 ging es direkt los.

Ich bin auch bis heute die einzige Vollzeit Assistenz für Günter. Alle meine Vorgänger haben zwar mit diesem Anspruch angefangen, wurden jedoch nach kurzer Zeit in anderen Bereichen eingesetzt, weil der Bedarf in dem Moment höher war. Beispielsweise in die Personalabteilung oder auch ins Marketing.«

»Wie gestaltet sich der Arbeitstag mit Günter?«

»Jeden Tag gibt es etwas Neues. Es gibt Tage, da meldet er sich gar nicht und manchmal ruft er mich an und braucht mich sofort, gleich um sieben Uhr dreißig. Meistens habe ich eine Art Checkliste aus wichtigen Themen und komme damit direkt auf Günter zu. Viel läuft tatsächlich auch über E-Mail oder Telefon. Es geht meist sehr spontan zu. Häufig wohne ich Günters Terminen bei und protokolliere. In Meetings ist er meist sehr direkt und offen. Je nach Thema auch sehr nachdenklich, oder gar abwesend, weil er so viel im Kopf hat. In solchen Fällen zögert Günter auch nicht das offen anzusprechen, sagt, dass er nachdenken muss und bricht den

Termin ab, oder verschiebt ihn. Es kommt auch vor, dass er Aufgaben an mich abgibt. Dann fängt er meist an zu grinsen, schaut mich an und fragt in den Raum hinein, wer die Aufgabe übernehmen kann. Das ist dann seine stille Aufforderung an mich. Auch in Mails werde ich nicht immer direkt angesprochen. Ich lese meine Aufgaben dann zwischen den Zeilen heraus. Für Günter ist es wichtig, dass ich ihm Feedback gebe und ihn aktiv daran erinnere sich Feedback einzuholen. Generell läuft vieles zwischen uns automatisiert.«

»Hattest du eine Bewährungsprobe?«

»Tatsächlich hatte ich eine solche Probe, um Günter zu zeigen, was er von mir erwarten kann. In meinem ersten Monat bei L-mobile (August 2015) habe ich als erstes die Aufgabe bekommen ein Strategiemeeting in einem Hotel in Waldenburg für Oktober zu planen. Ich wusste weder was Günter genau erwartet, noch wurde ich von jemandem ausführlich vorbereitet. Ich sollte selbst die Verantwortung tragen und mich von meiner kreativen Seite zeigen. In den nächsten Wochen stellte ich mir die Frage was das Unternehmen L-mobile genau möchte und habe Schritt für Schritt das Event organisiert. Es war für mich ein Sprung ins kalte Wasser, der letztlich aber gut ausgegangen ist, denn alle waren zufrieden. Nach dem erfolgreichen Termin hat sich die Zusammenarbeit mit Günter zum Besseren verändert, da das Vertrauensverhältnis von beiden Seiten her geschaffen war.«

»Heute gehörst du zu seinem Vertrauenskreis?«

»Ja. Günter ist es wichtig, dass Informationen vertraulich behandelt werden, er möchte den offenen Austausch und er fragt gerne nach der Meinung von Personen, denen er vertraut. Er möchte, dass seine Mitarbeiter zuverlässig sind, wenn etwas weitergegeben wird, soll es zeitnah erledigt werden und eine Rückmeldung an ihn erfolgen. Auf diese Weise gelingt es ihm immer eine Lösung zu finden, egal wie die Situation oder Herausforderung auch aussehen mag. Manchmal ist das Ergebnis seiner Überlegungen auch, dass er sich dafür entscheidet, das Problem selbst lösen zu müssen und sich dann sehr viel auf die Schultern lädt. Andererseits ist es verständlich, er hat so viel Herzblut in die L-mobile gesteckt, es ist sein Lebenswerk. Für mich ist es klar, dass er dann gewährleisten möchte, dass es nicht zu Engpässen kommt und es lieber selbst übernimmt, bevor es herunterfällt. Auf der letzten Weihnachtsfeier hat er es sehr treffend ausgedrückt, als er gesagt hat, dass sich entscheiden musste zwischen Geld und Liebe und sich für die Liebe entschieden hat. Er ist bereit sehr viel zu geben, zu investieren und zu opfern.«

»Wie schafft es Günter dauerhaft sein Pensum zu leisten?«

»Auf der einen Seite glaube ich, dass er einfach wenig schläft. Auf der anderen Seite sorgt er regelmäßig für einen Ausgleich. Seit ich ihn kenne, macht er große Reisen in ferne Länder, läuft Marathons nur zur Übung, oder kümmert sich um seine Bienen. Dabei kriegt er den Kopf frei und kann sich auch Gedanken über wichtige Themen machen, die im Tagesgeschäft normalerweise keinen Platz mehr finden. Bei L-mobile ist der Tag von früh bis spät durchgeplant. Er braucht Ziele und möchte auch aktiv an seine Grenzen kommen, um diese zu erweitern. Ein Strandurlaub wäre nichts für ihn. Beispielsweise möchte er in den Club der Marathonläufer aufgenommen werden, die bereits einhundert Marathons gelaufen sind. Über achtzig hat er bereits geschafft und wird innerhalb des nächsten Jahres die dreistellige Grenze knacken. Ich frage mich, was er wohl als Nächstes machen wird.«

Gunter beim Jungfrau Bergmarathon 2013 - Quelle: Günter Löchner Privatarchiv

»Was schätzt du an Günter?«

»Seine Offenheit. Er und Moni sind immer gastfreundlich und laden Mitarbeiter, Gäste und selbst Kunden zu Übernachtungen in den L-mobile Gästezimmern ein, teilen mit ihnen den Frühstückstisch, oder gehen abends gemeinsam essen und zeigen ehrliches Interesse. Er scheint trotz seiner beruflichen Vollauslastung immer wieder Zeit für einen Ausgleich zu finden und sich selbst dabei treu zu bleiben. Es ist bewundernswert wie viel er oft auch gleichzeitig auf die Beine gestellt hat und dass er dabei jung und dynamisch bleibt. Er verfolgt seine Ziele eifrig und hilft seinen Mitarbeitern dabei ihre Ziele ebenfalls zu erreichen.«

»Wie wird es in den nächsten Jahren für L-mobile weitergehen?«

»Ich weiß, dass Günter so lange wie möglich weiterarbeiten wird. Mittelfristig wird er aber ein wenig Verantwortung abgeben und sich anderen Aufgaben widmen. Dass er nicht dauerhaft allein agieren kann und will ist klar. Deshalb investiert er aktuell viel Zeit und Geld in die Befähigung einer neuen Generation von Führungskräften. Zum Beispiel wird seit dem Sommer 2019 ein spezielles Führungskräftetraining durchgeführt, welches über zwei Jahre die besten Mitarbeiter identifiziert und sie bei der Entwicklung begleitet.

»Wo siehst du die Vorteile bei L-mobile?«

»Die Zusammenarbeit ist sehr wertschätzend und die typischen Hierarchien sind so nicht vorhanden. Kollegen sind hilfsbereit und arbeiten generell gut zusammen. Der Arbeitsalltag ist von Respekt und Vertrauen geprägt. Wenn man persönliche Engpässe hat, sucht die Firma aktiv nach Lösungen und ist sehr verständnisvoll. Die L-mobile steht hinter ihren Mitarbeitern. Der Führungsstil innerhalb der Firma ist respektvoll. Bei großen Entscheidungen werden über Wochen vorher die Meinungen der Mitarbeiter eingeholt und man versucht Unklarheiten aufzulösen.«

Für jeden Unternehmer spielt der Steuerberater eine große Rolle. In Günters Fall liegt die Bindung tiefer. Berndt Eckert ist seit vielen Jahren für die L-mobile als Steuerberater tätig und ist heute Mitglied des Aufsichtsrats. Bei großen Entscheidungen, wie der Gründung einer weiteren Tochtergesellschaft, oder der Löchner Stiftung wird er regelmäßig zu Rate gezogen und zählt zu Günters

Vertrauten. Ich fragte mich in Voraus wie sich ein Vertrauensverhältnis von Steuerberater zu Mandanten über die Jahre so sehr vertiefen kann, dass man ihn sogar in den Aufsichtsrat aufnimmt:

»Wie habt ihr euch kennengelernt?«

»Zunächst rein beruflich von Steuerberater zu Mandant. Das war 2010. Ursprünglich sind wir gar nicht wegen L-mobile, sondern aufgrund Günters Landwirtschaft zusammengekommen. Unter anderem habe ich mich auf Landwirtschaftsrecht spezialisiert und Günter suchte jemanden, der alle Besonderheiten des Steuerrechts kannte. Als wir zum ersten Mal zusammensaßen, war ich überrascht, wie viel er selbst bereits über das Steuerrecht wusste und hatte schon Zweifel, ob ich ihn überzeugt habe. Als wir uns verabschiedeten hob er jedoch hervor, dass er viele neue Erkenntnisse gewonnen habe und begeistert sei. So begann unsere Partnerschaft.«

»Was begeistert dich an eurer Zusammenarbeit?«

»Wenn Günter eine Passion für etwas Bestimmtes entwickelt, lebt er sie richtig aus, oder gar nicht. Der Jahresabschluss über seine Imkerei wird mit derselben Ernsthaftigkeit besprochen, wie der Jahresabschluss der L-mobile Group. Günter erscheint stets vorbereitet zu unseren Gesprächen. Er kennt alle Zahlen in seinem Unternehmen und wenn er Fragen hat, sind diese sehr konkret und es steht ein Plan dahinter. Meist brauchen wir nur kurz zu sprechen um im Anschluss die Zahlen zu bewerten. Das ist immer ein sehr besonderer und spannender Moment. Viele Unternehmer sehen sich die Jahreszahlen ihrer Firma an und krallen sich in der Vergangenheit fest, während Günter mit dem Jahr abschließt, mich ansieht und fragt:

Was bedeutet der Jahresabschluss für unser nächstes Jahr?

Ich bin jedes Mal aufs Neue verblüfft von dieser Eigenschaft. Informationen schnell verarbeiten zu können und sie auf die Zukunft zu projizieren. Wenn ich eine Prognose gebe, zeigt sich Günter stets optimistisch. Das schaffen wir, sagt er dann. Ich erlebe ihn als Menschen, der gerne unternehmerische Risiken eingeht und Mut zeigt, gleichzeitig alle seine Entscheidungen auf fundierter Basis trifft, indem er seine engsten Vertrauten eine gute Vorarbeit leisten lässt. Allen voran seine Head of Finance Justine. Für mich als Steuerberater ist es ein Zeichen für ein gesundes Firmenwachstum, wenn Entscheidungen gemeinsam getragen werden und ein Unternehmen dieser Größenordnung effizient zusammenzuarbeiten weiß.

Wenn es keine außergewöhnlichen Entscheidungen zu treffen gibt, sehen wir uns zwei bis drei Mal im Jahr. Tendenz steigend. Die L-mobile wächst zurzeit in einem enormen Tempo. Häufig enden unsere Termine nicht mit dem geschäftlichen, sondern wir gehen Essen und besprechen dabei Themen, die Günter über den Tellerrand hinaus beschäftigen. Hierbei kann es sich auch um die Expansion der gesamten Stadt Sulzbach als Magnet für Arbeitskräfte in der Region, gemeinschaftliche Arbeiten, oder Spenden im Rahmen der Stiftung handeln. In seiner Freizeit ist Günter sehr locker und zeigt sich immer sehr dankbar für die Unterstützung seiner Mitarbeiter. Er hat mich beispielsweise auch schon bekocht, oder auf Konzerte mitgenommen. Kurzum - wenn die Arbeit erledigt ist, weiß er auch zu genießen und das ist eine Eigenschaft, die ich sehr schätze.«

»Wie bewertest du die Zukunft der L-mobile Group?«

»Eine spannende Frage, vor allem aus der Sicht eines
Steuerberaters. Da L-mobile Günters Lebenswerk ist, kann
ich mir immer sicher sein, dass er auch bereit dazu ist Dinge
anzupacken, die nicht Vergnügungssteuerpflichtig sind.
Damit möchte ich ausdrücken, dass er auch bereit ist durch
schwierige Zeiten zu gehen. Das Potenzial der Firma ist
schier unendlich. Anhand von Corona sieht man jetzt sehr
gut, dass die Digitalisierung auf die L-mobile seit Jahren
setzt, die Zukunft ist. L-mobile wird mit Sicherheit zu den
Gewinnern der Krise zählen.

Solange Günter weiter mit seiner schier unermüdlichen
Energie voranschreitet, gibt es keine Wolke am Horizont.
Jetzt erntet die L-mobile die Früchte der letzten Jahre. Es
beginnt bei dem Wertekodex, den Günter bei
Neueinstellungen als Voraussetzung nimmt und endet bei
der Löchner Stiftung. Das Resultat ist eine starke Mannschaft
aus Mitarbeitern, die auf einem gemeinsamen Wertesystem
aufbauen. Die konstante Herausforderung ist es und wird es
sein immer ausreichend Fachkräfte zu haben. Potenzial und
Aufträge gibt es mehr als genug, doch der deutsche Markt
hat im IT-Bereich noch sehr viel Luft nach oben. Deshalb
wurden auch Standorte im Ausland gegründet, um möglichst
viele Fachkräfte ins Team einzubinden.«

COVID-19

Es war inzwischen März und als ich gerade in der
Terminfindung war, kam Covid-19 dazwischen. Wer hätte
sich damals die Ausmaße der Krise ausmalen können?
Beinahe über Nacht wurde der Regelbetrieb in Unternehmen
runtergefahren, bei manchen sogar gegen null. Auch die L-
mobile musste erst einmal mit der neuen Situation
klarkommen. Während viele Unternehmen gerade im
Produktionsbereich auf Zulieferer aus China und anderen
Ländern angewiesen waren, profitierte die L-mobile
glücklicherweise von den Vorzügen der Softwarebranche:
Der Möglichkeit von überall aus zu arbeiten. Kurzerhand
wurden alle Mitarbeiter ins Home-Office geschickt,
ausgerüstet mit ihren Laptops und einer Mischung aus Sorge
und Unsicherheit. Wie würde es weitergehen? Ist Corona
eine Randerscheinung, die in ein paar Wochen wieder vorbei
sein wird? Oder handelt es sich um eine grundlegende
Neuverteilung der Karten? Auf Projektabwicklungsebene
bemerkte ich schnell, dass viele Kunden in die Defensive
rückten. Großflächig wurden Projektverzögerungen

angekündigt, weil ganze Firmen in Kurzarbeit gingen. Im Umkehrschluss fragte sich die Belegschaft, wie es für uns weitergehen würde. Kurzarbeit, Entlassungen? Als erstes kamen die Mitarbeiter, die sich in der Probezeit befinden, zu den Abteilungsleitern und fragten nach. Einige Tage später auch langjährige Mitarbeiter. Inmitten des Trubels stand Günter, der von allen Seiten angeschaut wurde und möglichst schnell eine Reihe von Entscheidungen treffen sollte, mit denen er die L-mobile durch die Krise navigieren sollte. Wie ich es bereits erwartet hatte, war Günter dabei ganz in seinem Element. Kaum dass die Krise in den Medien eskalierte, fing Günter mit regelmäßigen Mitarbeiterinformationen an, bei denen er einen aktuellen Status durchgeben und die Mitarbeiter beruhigen wollte. Macht euch selbst einen Eindruck davon. Anbei eine originale Mitarbeiterinformation vom 02.03.2020:

Liebe Mitarbeiter,

alle haben es gehört und in den Medien gesehen: Corona.

Es gibt alle möglichen Meinungen, von „alles nur aufgeputscht" bis zur „existenziellen Krise".

Beides sind Extrempositionen, die wir aktuell nicht verfolgen.

Man muss die Situation ernst nehmen, sich darauf einstellen und das Beste daraus machen.

Man hat bisher versucht, die „Null-Patienten" zu erkennen, nachzuverfolgen und damit ein zu dämmen.

Es scheint so, dass dies nicht oder schwer gelingen wird (Aussage letzte Woche von Gesundheitsminister Spahn). Man muss sich dann auf neue Konzepte besinnen.

Ich erwarte, dass diese Konzepte von unserer Regierung, Medizinern und Spezialisten im Bereich Gesundheitswesen jetzt in Arbeit sind.

So sind Informationen von Bundesgesundheitsministerium und Fachleuten online im Internet abrufbar.

Meine Empfehlung: Haltet Euch an die Regeln.

Auch für das Business hat es jetzt bereits gravierende Folgen.

Drei Messen wurden abgesagt.

Eine Reihe von Unternehmen hat das Reisen bereits drastisch eingeschränkt.

Die Schweizer sprechen schon darüber, keine Veranstaltungen mit über 1.000 Menschen mehr zu machen, oder nur mit behördlicher Genehmigung.

Einzelne Unternehmen sprechen von Auftragseinbrüchen von 25 %, manche sogar von 50 %.

Der DAX ist an einem Tag um 5 % gefallen.

Das einfach mal als kleine Sammlung der aktuell verfügbaren Informationen.

Wenn Ihr die Zeilen in fünf Tagen lesen werdet, sind diese ggf. schon veraltet.

Nun, was machen wir aus der Situation?

Ich möchte hier etwas Überblick und Handlungsempfehlung als Nichtspezialist aber Unternehmer an meine mir wichtigen Menschen geben, Mitarbeiter und Geschäftspartner.

Handlungsempfehlung im Umgang miteinander:

Ich möchte ein mir wichtiges Ritual aussetzen, die Begrüßung mit Handschlag.

Es war mir immer eine wertschätzende und verbindende Geste, aber für die nächste Zeit würde ich das aussetzen.

Es gab schon vor langer Zeit die Empfehlung, Desinfektionsmittel bereitzustellen.

Wir haben das Desinfektionsmittel bereits seit einiger Zeit im Haus und werden dieses im Laufe der Woche aufstellen. Zwischen den WCs Damen und Herren, am Eingang und weiteren Orten.

Hintergrund:

Zwei Kunden von uns haben die Erfahrung, dass nach Einführung von Desinfektionsmittel die Krankheitsrate vor Corona um 30 % - 50 % gesunken ist. Es gibt immer wieder Fälle, bei denen Mitarbeiter meinen, das Beste zu geben. Wenn Sie nur ein bisschen erkältet sind, kommen Sie trotzdem zur Arbeit. Ich wertschätze euer Engagement, jedoch möchte ich ab heute und solange es Corona als grobe Gefahr gibt, dass diese Mitarbeiter in Abstimmung mit ihrem Vorgesetzten zu Hause bleiben, wenn es auch nur kleinste Anzeichen von Symptomen gibt. Bitte wendet Euch in diesem Fall unbedingt an Euren Hausarzt. Sollte der Umfang eurer Symptome keine Krankschreibung erfordern, könnt Ihr durchaus von zu Hause arbeiten. Nahezu alle haben Erfahrung mit Homeoffice und wir können von dieser etablierten Einrichtung bei L-mobile jetzt wirklich einen weiteren Nutzen ziehen.

Es kann durchaus sein, dass Mitarbeiter von uns an Corona erkranken. Ich wünsche mir dann keine Hysterie, sondern einen wertschätzenden Umgang mit diesen Kollegen und dass wir alle gemeinsam daran arbeiten, in Ruhe zielführende Lösungen zu finden.

Wir in der Unternehmensleitung sind mit hoher Aufmerksamkeit an diesem Thema dran, vor allem solange es sich in diesem kritischen und auch schwer abschätzbaren Zustand befindet.

Sobald es neue Handlungsempfehlungen gibt, kommen wir auf Euch zu.

Unser kleiner Kreis (Christian, Pascal, Oli, Justine, Daniel und ich) sind täglich im Austausch.

Jeder der Sorgen oder Hinweise zu diesem Thema hat, kommt bitte auf uns zu.

Was sind unsere Handlungsempfehlungen im Bereich Business:

Obige Beispiele zeigen, dass sich das gesamte Business verlangsamen, oder ggf. einbrechen kann.

Wirtschaftswissenschaftler gehen auf jeden Fall von einer Delle im Q1 aus.

Einzelne Wirtschaftszweige werden deutliche Einbrüche haben, was sich ggf. auf die Gesamtwirtschaft auswirken kann.

Aus Erfahrung weiß ich, dass Unternehmen dann ggf. die Investitionen zurückstellen und es wichtigere Dinge gibt.

Ebenso wird das Thema Kommunikation und Reisen stark beeinträchtigt. Wir werden uns darauf einstellen und unsere Angebote und auch unsere Arbeitsweise darauf anpassen.

Homeoffice:

Wird bei uns seit langer Zeit praktiziert und kann situativ in Abstimmung mit dem Vorgesetzten ausgebaut werden. Ist auf jeden Fall risikominimierend.

Reisen:

Teilweise ist unsere Arbeit mit Reisen verbunden. Beachtet hier die Empfehlung des Bundesgesundheitsministeriums.

Wir werden unsere Remote Arbeit / Konferenzsysteme ausbauen:

Auch hier freue ich mich über die bisher gemachten Erfahrungen, auf denen wir jetzt aufbauen können. Wenn Ihr für zukünftige Abstimmungen mit Kunden weitere Informationen oder Hilfe bzgl. Konferenzsystemen braucht, wendet Euch bitte an die Kollegen von der Infrastructure. Dies macht insbesondere dann Sinn, wenn aufgrund eingeschränkter Reisetätigkeit ein Projekt in Schieflage gerät.

Vertriebliche Perspektive bei einem konjunkturellen Einbruch: Sollte sich die Lage zuspitzen, dann wird es schwierig, Investitionsgüter zu verkaufen.

Ich kenne die Krisen 2001 und 2008 und davor und weiß wie die aussehen. Wir werden hier im kleinen Kreis Konzepte erarbeiten, wie wir unter diesen erschwerten / neuen Rahmenbedingungen neue Alternativen anbieten, für unsere Kunden attraktiv bleiben und am Ende Geschäft für unsere Ernährung bieten.

Onlinemessen:

Christian und ich arbeiten gedanklich seit ca. ein bis zwei Jahren an der Idee von virtuellen Messen.

D.h. wir haben unsere Digital Factory und Digital Service Center und Kunden können wo auch immer von Kiel bis Zürich live an dieser „virtuellen Messe" teilnehmen.

Wir nutzen dazu Virtual Reality (VR) und Augmented Reality (AR).

Noch gibt es keine präzisen Aussagen aber, dass Menschen Reisen und auch zu uns kommen wird abnehmen / eingeschränkt sein. (auch bei unseren Expert Days, …)

Christian und ich möchten dieses Thema erneut aufgreifen und priorisieren. Es könnte eine große Chance sein.

Zusammenfassend:

Wir gehen umsichtig und aufmerksam mit der Situation um. Unsere Kreativität wird uns helfen, für die auftretenden Probleme, Lösungen zu finden.

Wenn wir es richtig gut machen, stehen hinter diesen Problemen sogar Chancen. Warten wir es ab.

Euer Management-Team

Günter zeigte sich auch im weiteren Verlauf der Pandemie als Ruhepol, kämpferisch und optimistisch. Als sich die Krise zuspitzte zeigte er Kommittent gegenüber seinen Mitarbeitern, indem er ganz nach der Devise - niemanden zurücklassen - klar betonte, dass selbst Mitarbeiter in der Probezeit nicht um ihren Job bangen müssten und wir Kurzarbeit mit allen Mitteln vermeiden möchten.

Für Günter bedeutete die Krise eine Chance sich vollends am Markt durchzusetzen und sich mit den Inhalten der L-mobile - der Digitalisierung von Geschäftsprozessen - auf den Zahn der Zeit treffend, fest als Flaggschiff zu verankern.

Es vergingen einige Wochen bis ich Günter wieder zu Gesicht bekam. Überraschenderweise wirkte er trotz der fordernden Situation entspannt und zeigte sich in Plauderlaune. Nachdem ich von der Führungsrunde immer wieder viel vom Wertesystem Günter Löchner gehört hatte, wollte ich gern mehr über die Entstehung dieser Moralvorstellungen erfahren. Damit kehren wir zurück in Günters berufliche Vergangenheit bei Infor.

RÜCKBLICK INFOR – DIE ERSTE
ERFOLGSGESCHICHTE

Vor seinen Anfängen bei Infor war Günter bereits zehn Jahre
in der Softwarebranche tätig. Nachdem er seine
kaufmännische Ausbildung mit achtzehn abgeschlossen
hatte, verließ Günter seinen Ausbildungsbetrieb Louis
Schweizer und ging seine ersten Schritte in der IT-Welt bei
Philips Data Systems als Softwareentwickler. Das war 1978-
1979. Danach wechselte Günter zu Dataring, heute bekannt
als Elring. Er startete in der EDV Abteilung in Fellbach und
gehörte ab sofort zu siebzig IT-lern, von insgesamt
zweitausendvierhundert Mitarbeitern. Da war er gerade
einundzwanzig und ein totaler Neuling. Da es kaum echte
Programmierer gab, war der Bedarf groß und Günter durfte
sich schon bald als Autodidakt einbringen. Unter der
Führung und Aufsicht von einigen Mentoren hat Günter
daraufhin zehn Jahre lang Software (Entwicklung eines ERP-
Systems auf Mainframe) entwickelt und konnte dabei sehr
viel lernen.

Für Günter boten sich als Autodidakt mehrere Möglichkeiten sich Wissen anzueignen:

1. Kindliche Neugier - Mut für Fehler, Mut für Fragen

2. Abschauen von Erfahrenen Kollegen

3. Selbststudium in der Freizeit - Lektüre, Softwareentwicklung im privaten Rahmen

Einige von Günters Kollegen waren hungrig auf eine große Karriere und wollten unbedingt etwas bewegen. Sie erkannten Günters Fähigkeiten und bemühten sich ihn im Rahmen ihrer Möglichkeiten zu fördern. Besonders Herr Blumenstein und Herr Götz hatten sich für Günter ausgesprochen. Dabei ist er nicht aufgefallen, weil er der Beste war, sondern weil er bereit war viel zu arbeiten und auch über den Tellerrand seiner eigenen Aufgaben hinweg zu schauen. Das war der Türöffner für ihn.

Gleichzeitig wurde Günter mit dreiundzwanzig Jahren zum ersten Mal Vater. Mit siebenundzwanzig hatte Günter bereits eine Familie mit drei Kindern zu versorgen, während Renate ihm als Hausfrau und Tagesmutter den Rücken freihielt. 1984 beförderte man Günter, nach drei Jahren bei Dataring, zum Teamleiter und vertraute ihm zum ersten Mal Personal an. Zu seinem Team gehörten insgesamt vierzehn junge Kollegen.

Ich habe mich sehr eingesetzt und auch sehr viel gelernt. Wir hatten einen tollen Teamspirit, waren alle jung und engagiert bei der Arbeit und hatten viel Spaß miteinander.

Nach drei Jahren als Teamleiter wechselte Günter in ein anderes Team, dass sich mit der Entwicklung von Planungs-,

Dispositions- und Materialwirtschaftssoftware beschäftigte und stand somit in direkter Konkurrenz zu SAP. Das Ziel bestand darin eine stabile Software zu entwickeln, die als erstes im eigenen Firmennetzwerk zum Einsatz kommen und danach am freien Markt etabliert werden konnte. Gegen Ende der achtziger Jahre hatte Günter das Gefühl fest auf den eigenen Beinen zu stehen und genau zu wissen was er konnte und was nicht.

Trotz der erfolgreichen Jahre bei Dataring merkte er, dass dort nicht seine Zukunft lag. Er war lange Zeit aktiv gewesen in der Welt der Großrechner - der Trend ging allerdings deutlich in die Richtung der PCs und hierbei fehlte Günter der Zugang. Schließlich entschloss er sich dazu, dass er etwas Neues machen wollte und sich von der Dataring zu trennen. Bislang war Günter daran gewöhnt für seine tägliche Wegstrecke nach Fellbach über zwei Stunden zu investieren. Mit dem Zug fuhr er über eine Stunde in jede Richtung und da er es nicht gern hatte, wenn Zeit einfach verloren ging, unterhielt er sich mit anderen Pendlern, oder arbeitete im Zug. Während der Reisezeiten hat Günter Hans Gogrewe kennengelernt, mit dem er sich in den folgenden Jahren eng befreundete. So sind sie zusammen mit ihren Familien mit dem Campingwagen in den Urlaub gefahren und haben auch ihre begrenzte Freizeit miteinander verbracht. Ebenso wie Günter war Hans auch Softwareentwickler und als Freelancer tätig. Im Laufe der Zeit hat Günter dann mitbekommen, dass Hans mit einigen Studienkollegen eine eigene Firma mit dem Namen Infor gründen wollte. Seitdem lag Hans Günter immer wieder mit seiner neuen Firma in den Ohren und wollte ihn unbedingt gleich zu Anfang dabei haben. Bis zum 30. April 1990 blieb Günter bei Dataring. Länger konnte er seiner Neugier nicht widerstehen. Die Infor hat zu Beginn der neunziger versucht ein ERP-System auf miteinander vernetzten PCs zu bauen. Die Datenbestände auf den PCs sollten sich gegenseitig synchronisieren, mithilfe einer selbstgemachten Datenbank, Oberfläche und Netzwerk. Günter war der Idee gegenüber zunächst skeptisch, hat sich dann aber selbst einen PC gekauft und das Produkt ausprobiert.

Den ersten eigenen PC zu Hause zu haben war eine spannende Erfahrung. Heute ist die Software bereits vorinstalliert, damals habe ich zum PC ein Handbuch für das ERP-System mitbekommen, welches die neun Menüpunkte der gesamten Anwendung beschrieb. Davon funktionierte dann nur ein Punkt - der Infor-Leitstand, aber ich war stolz darauf den PC zum Laufen gebracht zu haben.

Womit Infor in den frühen Neunzigern punkten konnte, war die grafische Plantafel für Fertigungsleitstände. Infor stand in dieser Hinsicht fast ohne Konkurrenz am Markt. Nachdem Günter das Produkt einschlägig geprüft und das Potenzial erkannt hatte, war er fest an Bord und gleich Feuer und Flamme.

Anbei ein Auszug aus dem Interview mit Günter:

»Was waren deine ersten Schritte bei Infor?«

»Ich war die Nummer dreiundzwanzig im Unternehmen und habe zum 01. Mai 1990 bei Infor begonnen, nachdem ich mir lange Zeit eine Meinung gebildet hatte. Das ERP-System war damals noch ganz neu. Wie bei den meisten kleinen Unternehmen (heute würde man Start-up sagen), die von jungen Leuten geführt wurden, hatten wir Schwierigkeiten in der Unternehmensführung aufgrund mangelnder Erfahrung. Wir programmierten so lange bis uns das Geld ausging, dann liehen wir uns entweder weiteres Kapital, oder schafften es unter größten Mühen einen Verkauf zu landen. Vor allem am Anfang stellten wir uns immer wieder die Frage:

Wie machen wir weiter?

Der Onkel von Hans Gogrewe's Ehefrau war Walter Becker, ein erfolgreicher Unternehmer. Dieser war grundsätzlich an Infor interessiert und unterstützte uns immer wieder als Investor. Aber auch ihm wurde schnell klar, dass das Geld meist nur einen Zyklus lang reichte, bis wieder neues Kapital gebraucht wurde. Deshalb knüpfte er eine Bedingung an die weitere Bereitstellung von liquiden Mitteln. Als wir wieder einmal zu ihm kamen, stellte er uns Hubert Becker, einen seiner fünf Söhne vor. Dieser sollte als Geschäftsführer dabei helfen Ordnung in die Finanzen zu bringen. Das war die Situation als ich bei Infor einstieg.

Die erste Entscheidung von Hubert bestand darin, dass die gesamte Firma in einem Standort in Karlsruhe zentriert werden sollte. Wir trauten uns größer zu träumen und das Ziel lautete von nun an das nächste SAP zu werden und eine echte deutsche Erfolgsgeschichte zu schreiben.«

»Wolltest du nie selbst zu SAP?«

»Nein, die große SAP schüchterte mich damals ein. Ich war der kleine Günter vom Land, ohne Studium. Nein, ich hatte kein Interesse daran.«

Günter 1987 angestellt bei Dataring - Quelle: Günter Löchner
Privatarchiv

Günter beim Infor-Börsengang 1999 - Quelle: Günter Löchner
Privatarchiv

»Das heißt du bist in deinen Anfangstagen bei Infor regelmäßig nach Karlsruhe gependelt?«

»Richtig. Nachdem ich bei Infor losgelegt habe, bin ich nach Ansage von Hubert Becker ein halbes Jahr lang jeden Tag nach Karlsruhe gefahren. Das war in Ordnung für mich, da ich eine klare Perspektive bei Infor sah. Nach sechs Monaten durften Hans und ich in Murrhardt einen eigenen Standort gründen. Daraufhin haben wir uns darauf fokussiert ein Team aus ERP-Beratern aufzubauen und haben sehr schnell sehr viele Mitarbeiter eingestellt. Als Resultat daraus hatten wir eine Reihe unkoordiniert agierender Kollegen vor uns. Es gab kein vereinheitlichtes Vorgehen, keine festen Geschäftsprozesse. Das mussten wir alles aufbauen, definieren, etablieren und vorleben. Auch auf technischer Ebene mussten wir uns weiterentwickeln und haben angefangen neue Benutzerhandbücher und Pflichtenhefte zu schreiben, die einem standardisierten Prozess folgen sollten. Diese Vorlage gibt es in weiter entwickelter Form heute noch und heißt ISC (Infor solution concept). Aus dieser Erfahrung entstand später dann auch unser L-mobile Pflichtenheft LIC (L-mobile implementation concept).

Um den Sprung in den großen Teich zu schaffen, mussten wir uns auch trauen große Projekte abzuwickeln. Diese mussten wir allerdings erst einmal beschaffen. Außerdem waren wir uns zumindest am Anfang gar nicht sicher, ob wir bereits über die Technologie für Großkunden verfügten. Nach wie vor hatten wir mit Kinderkrankheiten, insbesondere bei der Stabilität unserer Software zu kämpfen. Hans war damals unser Vertriebler in Murrhardt. Während er selbst weniger Vertriebler als Berater war, gelang es ihm 1992 Dieter Bauer einzustellen, der heute bei der L-mobile unser stärkster Mann im Verkauf ist. Vor dreißig Jahren sah die Welt allerdings noch ganz anders aus. Im Schnitt hat es zwischen drei und sechs Monate gedauert, bis ein neues prestigeträchtiges Projekt an Land gezogen wurde. Während unser Vertrieb in Murrhardt schwächelte, wuchs und gedieh die Berater Abteilung. Das hat nach einiger Zeit auch Hubert mitbekommen, der uns daraufhin von der Situation in Friedrichstal erzählte. Die Herausforderung war dort genau andersherum. Der Vertrieb brachte immer wieder neue Projekte ins Haus, die allerdings in der Abwicklung häufig eskalierten. Kurzerhand wurde ich zum Krisenmanager ernannt und habe in den folgenden Jahren viele Projekte mit Friedrichstal abgewickelt und eine starke Bindung zu dem Standort aufgebaut.«

»Das heißt, du hast als Softwareentwickler angefangen, bist über die Teamleitung in Murrhardt im Schulterschluss mit Hans zum Standortleiter aufgestiegen und wurdest daraufhin als Krisenmanager eingesetzt. War das denn in deinem Sinne?«

»Es war eine neue Erfahrung für mich und dafür war ich prinzipiell immer offen. Vom Typ her hättest du mich vor meiner Zeit bei Infor gar nicht wiedererkannt. Ich war eher introvertiert und mir gefiel lockere Kleidung. Bei meiner Ausbildung war ich sogar lange Zeit als Hippie bekannt. Bei Infor erfand ich mich als Günter Löchner neu, erlernte ganz andere Softskills und veränderte auch mein Äußeres. Anzug und Krawatte, glattrasiert, das war für mich Vorschrift. Viel von der Erfahrung die ich als Krisenmanager erworben habe, hat uns bei L-mobile enorm weitergeholfen. Damals aber war ich nach etwa einem Jahr dermaßen auf das Wort Krise eingeschossen, dass ich kein normales Projekt mehr machen konnte. Selbst wenn es gar kein Problem gab, habe ich so lange nach etwas gesucht, bis ich etwas zum Lösen fand. Dass wir langsam richtig groß wurden, habe ich erst realisiert, als ich bei BASF in einem Termin saß, an dem außer mir noch zwölf Doktoren teilgenommen hatten und ich, der kleine Günter vom Lande, das Projekt moderiert habe.«

»Worauf würdest du euren Erfolg zurückführen?«

»In Murrhardt gelang es uns sehr stark vernetzt zu sein. Vor allem das Team der Berater und Entwickler lag in unserem Fokus. Je effektiver wir es schafften klare Infos zu vermitteln, desto zufriedener waren die Mitarbeiter. Niemand mag es im Dunkeln gelassen zu werden. Wir sind als Gesamtunternehmen schnell auf zweihundert Mitarbeiter angewachsen. Als wir diese Größe erreicht hatten, wurde ich Mitglied der Geschäftsführung. Das hat mir persönlich viel bedeutet, die Anerkennung und Würdigung für meine Leistungen zu empfangen. Es gab auch allen Grund stolz aufeinander zu sein. In Murrhardt haben wir alle gutes Geld verdient, die Mitarbeiter motiviert und durch verschiedene Innovationen das Gesamtunternehmen vorangebracht. Von dem Erfolg konnten wir es uns leisten in größere Büros zu ziehen und die Standorte immer hochwertiger und freundlicher für unsere Mitarbeiter zu gestalten. Mit dem neuen Gebäude wuchs auch unsere Attraktivität. Anfangs lag ich Hubert immer wieder in den Ohren, dass wir mehr qualifizierte Mitarbeiter brauchten, aber Hubert spielte sehr defensiv und wollte kein großes Risiko eingehen. Stattdessen sollte ich mir etwas überlegen. Daraufhin habe ich ein Modell für teure, aber erfahrene Freiberufler aufgebaut, über das wir bis 2001 über dreihundert externe Berater eingestellt hatten. Der Arbeitstitel dafür lautete BIK (Berater für Infor-Kunden).

Gegen Ende der neunziger entstand bei Infor durch einige große Projekte ein großes Wachstum und wir trauten uns immer mehr.«

»Wie kam es zum Infor Börsengang?«

»Hubert hatte 1998 angefangen einen IPO vorzubereiten. Ein IPO (Initial Public Offering) ist ein erstes öffentliches Angebot, bei dem erstmalig Aktien für Anleger zum Kauf angeboten werden. Mit einem IPO ist im Allgemeinen die Börsenzulassung und Aufnahme zur Börsennotierung verbunden. Man beschafft dabei möglichst viel Risikokapital von außen. Ich war damals einer der fünf Vorstände und für uns alle war das unglaublich aufregend. Um das Kapital kümmerte sich Hubert und bewies dabei ein richtig gutes Näschen. Unsere Aufgabe lag darin durch gute Performance, gute Publicity und ein starkes Produkt dafür zu sorgen, dass die Aktie hoch blieb. Im Mai 1999 sind wir dann alle nach Frankfurt an die Börse gefahren und haben ein großes Fest organisiert. Dreiunddreißig Euro pro Aktie wurde als Startpreis festgelegt. Wir hatten alle möglichen Vorstellungen: Manche glaubten die Aktie würde sagenhaft durch die Decke gehen, andere waren defensiver. Ich selbst hatte mich ebenfalls beteiligt und hoffte natürlich auf das Beste. Insgesamt hat Hubert einhundertachtzig Millionen Euro zusammen bekommen. Bereits als wir aus Frankfurt zurückfuhren, war der Kurs von dreiunddreißig auf achtundzwanzig Euro gefallen. Und damit begann für mich die schlimmste Zeit bei Infor. Die Börsenzeit. Dabei habe ich viel Schlechtes erlebt und werde das nie wieder machen. Wir hatten die besagten einhundertachtzig Millionen eingesammelt und wurden permanent von Analysten bedrängt sofort zu investieren. Es wurde insgesamt sehr viel

Druck auf uns ausgeübt und ständig kamen von außerhalb neue Zielvereinbarungen. Wie viel wir wann wachsen sollten, welchen Ertrag wir wann erwirtschaften und ähnliches. Es nahm kein Ende. Dabei ist dann letztlich auch das Wertesystem für das ich überhaupt erst angetreten war, auf der Strecke geblieben.«

»Wie ging es für dich nach dem Börsengang weiter?«

»Zur Jahrtausendwende hatten wir zwei Vorstände für die Beratung und Hubert war der Meinung, dass das zu viel sei. Auf der anderen Seite gab es keinen starken Führer für die Entwickler. Deswegen wurde ich kurzerhand in die Entwicklung gesteckt. Inzwischen verfügten wir über viele Standorte und hatten etwa zweihundertzwanzig Entwickler beschäftigt - an dreizehn Standorten. Meine Aufgabe bestand darin das Produkt möglichst stabil zu halten, weiterzuentwickeln und das Projektgeschäft in der Abwicklung anzukurbeln. Höher, schneller, weiter, lautete das Motto. Von allen Seiten kam Druck, das Produkt sei fehlerhaft und habe nicht genug Funktionen. Deshalb war ich viel unterwegs, hörte mir die Probleme an und trug das Feedback systematisch zusammen, um eine konkrete Idee zu entwickeln wie das Produkt sein musste.

Die Produktentwicklung war dezentral und auf mehrere Standorte verteilt, es war sehr mühsam für mich die Mannschaft zusammenzuhalten. Deshalb wandte ich mich nach ein paar Monaten an meine Kollegen aus dem Vorstand und teilte ihnen mit, dass ich entweder ein ordentliches Produkt, oder ein starkes Team aufbauen konnte. Die Antwort war, sie wollten beides. Ich habe mich in meinem Streben nach Herausforderungen überzeugen lassen und das war rückblickend betrachtet der größte Fehler in meinem Leben.«

»Wie hast du diesen Fehler gelöst?«

»Eine meiner Lebensstrategien heißt Risikostreuung. Wir haben die Teams neu zusammengesetzt und mit siebenundfünfzig Teilprojekten gleichzeitig begonnen, mit der Perspektive fünfundvierzig davon zeitnah hinzubekommen. Es war eine sehr waghalsige Aktion, betrachtet man die Erfahrung der Leute und den enormen Druck unter dem wir standen, war es fast unmöglich. Innerhalb von sechs Wochen haben wir dann einen Clickdummy (Prototypen) gebaut, den wir dem Vertrieb zum Verkaufen geben konnten. Damit hatten wir endlich ein bisschen Ruhe und konnten im Hintergrund weiter am Produkt schrauben, während der Vertrieb bereits mit den Prototypen bei Kunden präsentiert hat. Auf einmal waren alle stolz auf den Clickdummy und der Vertrieb lobte uns. Der Verkauf lief aber trotzdem kaum besser. Der große Wandel kam erst, als wir die Mannschaft befähigt hatten und dann unter Ach und Krach mit zweihundert Entwicklern in sieben Teams und elf Monaten (September 2000) dreißig Installationen geschafft hatten. Damit entstand unser großes Produkt Infor 6.0, von dem die Firma noch lange Jahre zehrte. Danach habe ich die Projektwelt größtenteils verlassen und war nur noch in Pilotprojekte involviert, bis ich die Infor 2001 letztlich komplett verlassen habe.«

»Warum hast du Infor verlassen?«

»Es wurden zu viele Fehler gemacht und zu viele Fehler wiederholt, das heißt man hat nicht aus den Fehlern gelernt. Zudem war das Vorstandsteam nicht ausreichend erfahren für die Größe und Schnelligkeit unseres Unternehmens. Dazu kam der Börsengang, der eine Flut von externen Stakeholdern und Analysten an Bord schwemmte, die nicht mehr zugunsten der Firma, sondern des Börsenkurses handelten. Der Druck war enorm und ich hatte nicht mehr das Gefühl wirklich die Kontrolle zu haben. Im Februar 2001 habe ich meine Unzufriedenheit bei Hubert offen kommuniziert. Damals hatte die Infor bereits zwölf weitere Firmen aufgekauft und trotzdem wurden wir von den Analysten dazu gedrängt weiter zu expandieren. Einige der Käufe waren meiner Meinung nach Fehlkäufe - die Firmen waren teilweise extrem überbewertet. Ich durfte mir die einzelnen Kandidaten zwar noch ansehen, aber kein Veto mehr einlegen, wenn ich der Meinung war, dass wir uns damit keinen Gefallen tun. So kam es, dass die Infor 2001 bereits über elfhundert Mitarbeiter verfügte. Dieses Wachstum war zu schnell und wir kämpften lange mit der Homogenisierung der neuen Standorte. Die einheitliche Identität ist verloren gegangen. Außerdem war ich damals fast nur noch unterwegs, auch mit eigenem Chauffeur, damit ich überall weiterarbeiten konnte. Sowohl im Inland, wie auch im Ausland betreute ich Standorte und war für die Performance verantwortlich. Es war eine sehr bereichernde Erfahrung, aber auch Kräftezehrend und mit sehr viel Druck verbunden. Irgendwann habe ich dann gesagt Stopp, fang noch einmal von vorn an. Im Mai 2001 habe ich die Infor verlassen. Nur meine damalige Sekretärin Regina habe ich mitgenommen.«

Nach dem Interview konnte ich besser verstehen, warum Günter mit L-mobile seine eigene Erfolgsgeschichte schreibt. Die L-mobile ist ein Ausdruck der prägenden Jahre bei Infor. Zwei Namen waren mir nach dem Gespräch im Gedächtnis geblieben - Dieter Bauer und Jens Malso. Dieter, heute im L-mobile Vertrieb tätig und Jens, Geschäftsführer der L-mobile Systeme (Standort Bonn) stammen beide aus der Inforzeit in den Neunzigern in Zusammenarbeit mit Günter. Sicherlich könnten beide noch etwas zum Gesamtbild beitragen. Als erstes wandte ich mich an Dieter, der sich sehr über das Interview freute.

»Wie bist du zur Infor gekommen und hast Günter kennengelernt?«

»1991 habe ich den Wunsch verspürt mich beruflich zu verändern. Vorher war ich als IT-Koordinator bei Bauknecht tätig und hatte immer ein Auge offen für neue innovative Technik. Infor war eines der ersten Unternehmen, das auf PCs Produktionsleitstände angeboten hat. Auf einer Messe in Stuttgart, habe ich mir dann selbst ein Bild von der Infor Anwendung machen können. Wir haben nach einem kurzen Plausch unsere beruflichen Kontaktdaten ausgetauscht und somit war es Vorsehung, dass ich zu Infor gestoßen bin. Kurze Zeit später bin ich in das Büro meines Vorgesetzten gegangen und habe ihm mitgeteilt, dass ich die Firma verlassen und nach einem neuen Job umsehen werde. Eigentlich habe ich zu meinem Chef gesagt: Ich habe zwar noch nichts, aber ich suche etwas. Als ich nach dem Gespräch zu meinem Arbeitsplatz zurückkam, lag ein Schreiben von Infor, in dem stand, dass Infor zusätzlich zum Standort in Karlsruhe ein Büro in Murrhardt aufgemacht hat. Cool, da bewerbe ich mich direkt!

Infor wurde von ehemaligen Studenten gegründet, die eine erfahrene Hand gebraucht haben und diese Lücke füllte Günter aus. Speziell im Bereich Personalverantwortung und Programmierung und konnte er sich gut einbringen. Mitte

1991 hatte ich mein Vorstellungsgespräch bei Günter. Da war gerade Sommerfest der Infor in Murrhärle bei Günter auf der Ranch. Kurz darauf habe ich dort als Projektleiter und Berater angefangen, aber auch selbst Software installiert und ein wenig programmiert. Alles in allem ging es noch recht unstrukturiert zu. In der Entwicklung und Beratung waren wir in etwa dreißig Personen, zusätzlich zwei Vertriebler. Wir fokussierten uns auf Produktionsplanungssysteme (PPS). Das heute bekannte ERP hat diesen Begriff später abgelöst und bildet ein erweitertes PPS ab. Erweitert um das Dokumentenmanagement und die Rechnungsstellung. Danach ging es auch um die Disposition und Planung von Aufträgen und Ressourcen.

Als ich zum 01.01.1992 bei Infor anfing, hat mich Günter direkt unter seine Fittiche genommen. Ich habe ihn zu vielen Terminen begleitet und ihn dabei sowohl bei einfachen, als auch problematischen Projekten in der Beratung erlebt. Ich kann mich noch genau erinnern, dass kurz nach meinem Start Günter mit mir zum Vorgespräch zu einem Kunden rausfuhr und mir danach sofort das Projekt übergab. In der Folgewoche sollte schon installiert werden und ich fühlte mich bei weitem noch nicht bereit dafür. Es war alles sehr abenteuerlich und ich biss mich schließlich durch. Daran erkannte ich, dass Günter den Leuten manchmal mehr zutraut, als sie sich selbst trauen würden.«

»Warst du beim Börsengang dabei?«

»Natürlich. Niemand wollte sich das entgehen lassen. Wir alle haben hart für den Erfolg gearbeitet und freuten uns darauf die Früchte unserer Arbeit zu ernten. Leider kam die Dotcom-Blase dazwischen, sodass wir mit Verlusten aus der ganzen Geschichte rausgegangen sind.«

Jens Malso ist wie Dieter Bauer seit mehreren Jahrzehnten Geschäftspartner von Günter. Seit 2006 ist er Geschäftsführer der L-mobile Systeme, die sich in Bonn niedergelassen hat. Die Zusammenarbeit begann bei Infor.

»Wie habt ihr euch kennengelernt?«

»Ich war damals sehr jung und als Freelancer für alle möglichen Firmen tätig. Günter hat damals in seiner Funktion als Niederlassungsleiter Infor in Sulzbach ein Projekt in Umsetzung, das sowohl die zeitlichen Möglichkeiten, als auch die Kapazitäten der Infor stark forderte. Daraufhin hat sich Günter bemüht in kurzer Zeit viele starke Entwickler zu gewinnen. Ich habe davon Wind bekommen und war interessiert. Geld spielte erst einmal keine Rolle, bei einem großen Projekt dabei zu sein, war für mich Motivation genug. Kurze Zeit später saß ich in der Zentrale in Karlsruhe bei 34 Grad Günter gegenüber und stellte fest, dass es Günter gelungen war wirklich viele starke Leute aus der damaligen IT-Welt um sich herum zu versammeln. Zusammen haben wir das Projekt dann umgesetzt. Es war teilweise sehr anstrengend, aber wir wuchsen durch die Herausforderung zusammen und schlossen das Projekt innerhalb eines Jahres ab. Damit begann der Aufstieg von Infor und ich blieb als Freelancer dabei. Immer wenn externe Kapazitäten nötig waren, rief mich Günter an und wir traten als Coder und Projektleiter beim Kunden auf. Bis heute hat sich in dieser Konstellation eigentlich nicht viel geändert - nur die Rahmenbedingungen.«

»Teilt ihr eine gemeinsame einschneidende Erfahrung?«

»2001 hat Infor wieder ein sehr großes Projekt angenommen und das Spiel ging von vorn los. Günter rief mich an und kurz darauf saßen wir in Hamburg zusammen bei Firma Tesa. Uns fehlten starke Entwickler und Günter fragte mich, ob ich noch ein frisches Gesicht kannte, um die Mannschaft zu verstärken. So kamen wir mit Oliver Joest zusammen, der heute bei L-mobile unser Entwicklungsleiter ist. Damals sah er aber noch ganz anders aus. Während wir alle im Anzug arbeiteten, kam er in Hip Hopper Klamotten zum Termin. Aus seinem Rucksack ragte eine blaue Tastatur mit orangenen Tasten. In den nächsten achtzehn Monaten haben wir zusammen das Projekt umgesetzt. Das war das letzte Projekt von Günter bei Infor. Kurz darauf ging es mit L-mobile los.«

»Und bei L-mobile habt ihr euch wiedergefunden?«

»Richtig. Wir sind in Kontakt geblieben und als Günter von seiner Geschäftsidee der mobilen Datenübertragung erzählte, war ich da. Außer mir kamen noch drei weitere Entwickler. Günters Vision von einem mobilen ERP war für uns damals vergleichbar mit dem Sprung in ein neues Zeitalter. Letztlich fragte er, wer dabei sein wollte und drei Entwickler standen auf und gingen. Ich blieb. Und so fingen wir dann an die Welt zu verändern.«

»Wie sahen die ersten Schritte bei L-mobile aus?«

»Als erstes haben wir uns in Günters Wohnzimmer hingesetzt und eine Präsentation erstellt mit einem neuen Produkt. Die Umsetzung unserer Vision. Damals gab es weder WLAN oder Mobilfunk und HTML war in den Kinderschuhen. Auch richtige Browser gab es noch nicht. Die ersten Projekte waren geprägt von größter Freude und höchstem Frust. Auf der einen Seite haben wir Misserfolge erlebt und aus den Fehlern gelernt, auf der anderen Seite haben wir kreativ Dinge versucht und ich bin bis heute verwundert, dass es dann funktionierte. Als Einzelperson wollte ich eigentlich immer gern Freelancer bleiben, mir war mein Freiheitsgrad sehr wichtig. Am 27.12.2005 habe ich mit Günter gemeinsam die L-mobile Systeme in Bonn gegründet.«

»Was schätzt du heute an der L-mobile?«

»Die L-mobile verfügt über Vorteile, über die nur wenige Firmen verfügen. Wir haben einen Kopf mit vielen Visionen, der Prozesse integriert, große Entscheidungen treffen kann, immer nur nach vorn sieht, immer nach vorn stürmt und mit den Eindrücken die er hat, erschreckend oft Recht behält. Wir haben Mitarbeiter, die zu den Besten zählen, die es in ihrem Beruf gibt. Somit verfügen wir über ein sehr starkes Rückgrat und ein Gemeinschaftsgefühl. Wir mögen einander sehr. Wir haben einen inneren Zusammenhalt, der geprägt ist durch ein gemeinsames Werteverständnis. Unsere Belegschaft haben wir dadurch gewählt und gefunden, dass wir alle eine ähnliche, oder gleiche Vorstellung von der Welt haben. Ich suche meine Mitarbeiter in Bonn überwiegend über die Persönlichkeit und nicht über die Skills aus. Die L-mobile legt den Fokus auf etwas Sinnstiftendes und das gibt mir das Vertrauen, dass es die Welt besser macht.«

»Wie laufen eure Meetings ab?«

»Wir treffen uns meist im Sommer, gehen französisch essen und planen die zweite Jahreshälfte. Im Dezember treffen wir uns wieder, essen wieder Französisch und stoßen auf das letzte Jahr und auf die erste kommende Jahreshälfte an. Ich bin leider ein Mensch, der unbelehrbar ist und für gute Ratschläge nur wenig offen ist. Das ist gut und schlecht. In der Retrospektive glaube ich sagen zu können: Du kannst mir sagen was ich tun soll, oder wie ich es tun soll, aber nicht beides. Günter beschränkt sich darauf mir zu sagen was getan werden muss und überlässt es mir es zu tun. Auf diese Weise funktionieren wir sehr gut.«

»Was bedeutet die L-mobile für dich und was bedeutet die L-mobile für Günter?«

»Ich habe mein Hobby zu meinem Beruf gemacht und die L-mobile ist der Ort an dem ich alle meine Hobbys ausleben kann. Hier kann ich tun, was ich liebe zu tun. Ich bin immer noch Coder, immer noch Showman, kann das tun was wir zu Anfang getan haben und über Dinge sprechen die es noch nicht gibt, mit der Überzeugung das es sie geben kann, wenn man es nur will. Günter möchte ein zweites Mal ein tausend Mann Unternehmen aufbauen und für dieses Ziel gibt Günter alles. Warum arbeitet er sechzehn Stunden am Tag für L-mobile? Damit er nicht acht Stunden für jemand anderes arbeiten muss. Ich glaube das trifft es auf den Punkt. Günter ist der geborene Anführer. Er sagt was er tut und tut was er sagt. Das gibt es nur selten. Das zeichnet Günter aus. Jeder kann zu ihm kommen ohne Hierarchien zu beachten und das ist etwas was alle schätzen. Ohne Günter gäbe es das alles nicht. Auch ich könnte meine Arbeit ohne ihn nicht tun. Dieses Umfeld zu schaffen und die ganze Maschinerie am Laufen halten, das kann ich nicht. Günter gibt es, weil es L-mobile gibt.«

STANDORT IN SULZBACH –

L-MOBILE ENTSTEHT

Heute ragt das L-mobile Firmengebäude in Sulzbach an der Murr in blau-weißen Farben deutlich heraus und ist schon aus weiter Ferne zu erblicken. Ein moderner Bürokomplex, der für Innovation und Jobs für helle Köpfe steht. Es ist jedoch nicht lange her, da gab es weit und breit nur Weiden- oder Feldflächen. Welche Geschichte verbirgt sich hinter dem Standort in Sulzbach?

Dafür müssen wir zurück zu Infor. Seit 1991 befand sich in Murrhardt ein Infor Standort, der allerdings nur für zehn bis fünfzehn Personen Platz bot. Die Infor war bestrebt schnell zu wachsen, also musste auch ein neues Gebäude her. Daraufhin suchte Günter nach Büros in der Gegend, zuerst zur Miete. Als nichts Passendes gefunden wurde, entschloss er sich dazu, selbst ein kleines Gebäude zu bauen und wandte sich daraufhin an den Murrhardter Bürgermeister, der allerdings keinen Bauplatz zur Verfügung hatte.

Als nächstes wich Günter auf Sulzbach aus und sprach mit dem dortigen Bürgermeister Herr Zahn. Eigens dazu bereitete Günter eine PR-Story vor, die im Allgemeinen vermitteln sollte, dass die Infor das neue SAP werden wird. Der Bürgermeister war sogleich Feuer und Flamme, sodass diesmal der Bauplatz bereitgestellt wurde und die Bauarbeiten losgehen konnten. 1995 sollte ein neues Industriegebiet in Sulzbach errichtet werden, auf dem Günter ein Grundstück mit 1400 Quadratmetern zugewiesen wurde. Weit und breit stand kein Gebäude in der Nähe. Nach einiger Überlegung entschied sich Günter dazu selbst zu bauen. Das erste Gebäude sollte zweistöckig werden. Auf jedem Stockwerk sollte man etwa einhundertfünfzig Quadratmeter zur freien Verfügung haben. Fast alles wurde selbst gemacht. Dieter Bauer hat die Toiletten gefliest und Günter die Türen und Fensterbänke eingesetzt. Das Holz stammte aus Günters Forstwirtschaft. Nach der Fertigstellung wurde ein Stockwerk vermietet und das andere selbst bezogen. 1998 wurde parallel zur Vorbereitung des Börsengangs das zweite Gebäude in Sulzbach gebaut. Heute befindet sich die L-mobile Infrastructure und die Finanzabteilung darin.

Ich war immer sehr vorsichtig und habe sparsam gebaut. Wenig Eisen, kurze Spannweiten, viel Holz. Am liebsten war es mir, wenn wir in kleinen Einheiten bauten, damit ich diese weitervermieten kann, falls es mit Infor eng werden sollte. Ein ganz normaler Arbeitstag begann damals um sechs Uhr dreißig auf der Baustelle mit dem Bauunternehmer. Erst danach startete ich meinen Tag bei Infor.

Die Bauprojekte waren alles in allem keineswegs einfach. Da Günter weiter hauptberuflich beschäftigt war, musste er die Gebäude nebenher bauen. Da es keinen Architekten gab, hat

Günter während er auf Geschäftsreisen war viel gelesen und recherchiert. Durch sein angelesenes Wissen kam er am Ende ohne Architekten aus. Als das zweite Gebäude errichtet werden sollte, hatte man weitestgehend aus Fehlern gelernt und vom Spatenstich bis zum Teppichboden alles selbst machen können. Dabei hat auch Günters Sohn Pascal zum ersten Mal als Hilfsarbeiter mitgearbeitet.

Da das meiste Kapital fremdfinanziert war, arbeitete die Mannschaft unter großem Zeitdruck und wollte innerhalb von sechs Monaten fertig werden. Ein Resultat des Zeitdrucks waren vermeidbare Baufehler. So wurden die Fenster gleich im ersten Winter feucht und mussten trocken geheizt werden. Trotzdem waren alle nach der Fertigstellung sehr begeistert und stolz auf ihre Arbeit. Da die Mannschaft gemeinsam angepackt hatte, war der Teamgeist auf seinem Zenit. Als Günter 2001 Infor verließ, besaß er somit mehrere Immobilien und vermietete diese unter anderem weiter an Infor.

Im Juni 2001 meldete Günter seine erste eigene Firma an, mit der er im Infor Umfeld Projekte machen wollte. Das erklärte Ziel lautete eine Nische zu finden und sich darin als Spezialist zu etablieren. Am ehesten ließ sich das über eine Unternehmensberatung verwirklichen. Erfahrung hatte Günter genügend. Der Plan schlug fehl, als Günter klar wurde, dass sein Ruf bei Infor durch seinen Weggang gelitten hatte. Noch Jahre später gab man ihm für Fehltritte die Schuld, sodass er nur schwer an Neugeschäft kam. Nach den ersten Absagen beschloss Günter seine Beratungstätigkeit auch auf umstehende Infor Partner auszuweiten und gewann nach und nach ein paar Kunden. Ihm war allerdings ziemlich schnell klar, dass er sein eigenes Produkt bauen wollte. Eine

Möglichkeit wäre gewesen ein eigenes ERP System zu bauen. Die Konkurrenz am Markt war mit SAP und Navision allerdings dermaßen stark besetzt, dass ein weiterer Spieler nur verdrängt werden würde. Außerdem lagen die Investitionskosten um ein ERP System zu bauen in einer hohen Millionensumme.

Günter entschied sich erst einmal dazu, sich einen klaren Stand seiner Lage zu skizzieren:

• *Du liebst Technologie*

• *Du hast Erfahrung in der Geschäftsprozessoptimierung*

• *Du bist interessiert an Innovationen*

• *Du willst ein Geschäftsfeld finden, dass dir so schnell keiner wieder wegnimmt*

Klar war, dass die Entwicklung eines neuen Geschäftsfeldes enorm viel Zeit, Geld und Engagement erfordern würde. Zusätzlich kam das unternehmerische Risiko und etwa zwei bis drei Jahre Entwicklung. Im schlimmsten Fall würde sich das Produkt nicht verkaufen und man wäre nach dem Launch direkt im Konkurs.

Nach einer mehrmonatigen Analyse des Marktes kam Günter das Signalwort *Mobilität* in den Sinn. Kein ERP war mobil verfügbar, WLAN und GPRS waren noch in den Kinderschuhen und niemand nahm das Thema großflächig in die Hand um Geschäftsprozesse, die bis dato überwiegend auf Papier stattfanden, zu mobilisieren. Kurzerhand berief Günter ein initiales Kickoff-Meeting mit befreundeten Programmierern ein und präsentierte die Idee. Aus Gedanken-Spielen wurde schnell Wirklichkeit, als die

Entwickler positives Feedback gaben und das Potenzial hinter der Idee erkannten. Binnen weniger Wochen folgte schon die Entwicklung des ersten Prototypen. Als nächstes galt es erste Kunden zu gewinnen. Da das kleine Team keinen Vertriebler an Bord hatte, übernahm Günter diese Aufgabe. Er hatte zu diesem Zeitpunkt im Verkauf nur wenig Erfahrung, die er mit einem hohen Maß an Kreativität wieder wett machte. So packte er sich zwei Alukoffer beladen mit allen Geräten die für mobiles Arbeiten geeignet waren und präsentierte damit seine Software-Prototypen bei Kunden.

Über Kaltakquise, das Telefonbuch, alte Kontakte und Empfehlungen erschloss sich Günter einen kleinen Kundenstamm. Viele der Kunden erwiesen sich als begeisterte Supporter und standen nach Projektabschluss als Referenzkunden zur Verfügung. Bis heute stellt der Vertrieb allerdings den größten Engpass der L-mobile dar. Zuallererst ist es sehr schwer qualifizierte Mitarbeiter zu bekommen. Und dann muss auch noch die Performance stimmen. Viele können gut präsentieren, sind aber nicht wirklich begeisternd oder abschlussstark.

Die ersten Jahre bei L-mobile waren gekennzeichnet durch viele Individual-Projekte. Das Vorgehen war nicht standardisiert und unterschied sich stark voneinander. Im Normalfall begab sich Günter mit seinen Koffern zum Kunden und präsentierte meist eine Mischung aus dem damaligen Hauptprodukt, welches sich bereits bewährt hatte und setzte noch eine Ladung Visionen oben drauf. Dem Kunden wurde schnell bewusst, dass es sich hierbei um eine einmalige Gelegenheit handelte ein innovatives Produkt zu erhalten, dass auf die eigenen Bedürfnisse zu geschnitten und individualisiert werden sollte. Daraufhin begann die eigentliche Arbeit mit der Konzeption der Anforderungen, einem finalen Angebot auf Basis der Spezifikationen, einem Projektplan mit Lieferterminen und letztlich der Programmierung Seitens der Entwicklung.

Sobald der Code soweit sauber war, dass ohne Komplikationen getestet werden konnte, startete die spannendste Phase im Projekt: Die Inbetriebnahme. Für Günter war es extrem wichtig ehrliches Feedback von den Benutzern zu erhalten, d.h. von denjenigen, die die Software auch im Alltag wirklich verwenden würden. Die Tipps und Ratschläge, die Günter von Servicetechnikern erhielt, waren unbezahlbar und trugen einen großen Teil dazu bei, dass die Anwendung immer intuitiver, benutzerfreundlicher und Lebensechter wurde. Diesen Einblick in den Alltag einer Firma möchte Günter gezielt auch anderen potenziellen Kunden und Mitarbeitern der L-mobile möglich machen.

Seit 2015 werden mit ausgewählten Referenzkunden Videos gedreht, in denen Anwender einen ganzen Tag lang begleitet und befragt werden, wie sie L-mobile in ihren Arbeitsalltag integrieren.

Wann immer ich Günter über die L-mobile sprechen höre, gerät er in einen Erzählfluss. Er ist stolz auf sein Lebenswerk, auf seine Vergangenheit und die Entwicklung, die er mit seinen Mitarbeitern gemacht hat. Seine Ziele plant er nach der Devise - immer den übernächsten Plan vor Augen - das bedeutet, dass er sich mit einem bestimmten Problem befassen kann, während er im Kopf bereits an Zielen arbeitet, für die L-mobile noch um fünfzig bis hundert Personen wachsen muss. Eines dieser Ziele ist der stete Ausbau von Büroflächen. In regelmäßigen Abständen werden neue Bürogebäude eingeweiht, die den Mitarbeitern Platz bieten sich neben der Arbeit in Meetingräumen, einer Bar, Sofa Lounge, oder Präsentationsräumen auszutauschen. Wachstum und Expansion sind die Schlagwörter, die Günters Herz höherschlagen lassen.

Eines Nachmittags im März rief Günter bei mir an und bat mich in sein Büro zu kommen. Wie so häufig blieb ich in der Türschwelle stehen und bewunderte den Freiraum seines Büros. Von allen Seiten genießt Günter einen Panoramablick auf weite Felder und Hügel. Er liebt die Anhöhe und fühlt sich inspiriert, wenn er draußen sitzt und über neue Geschäftsstrategien nachgrübeln kann. Wenn er telefonieren muss, geht er gerne auf den Balkon und genießt die Aussicht. Nachdem er aufgelegt hat, lässt er den Ausblick auf sich wirken, sammelt sich und geht zur nächsten Aufgabe über. In seinem Büro steht immer ein vollgepackter Rucksack, der den Anschein erweckt, dass er gleich zu seiner nächsten Reise aufbricht. Tatsächlich möchte Günter immer bereit sein um spontan zu einem Kundentermin fahren zu können - egal wo sich dieser befindet. Deshalb beinhaltet sein Rucksack neben diverser Elektronik auch Reisedokumente, die ihn rund um den Globus bringen können.

Sobald ich die Türschwelle übertreten hatte, kam Günter auch schon auf mich zugestürmt. Heute trug er ein sportliches Outfit und strahlte mich an. Glattrasiert, Marathon T-Shirt, Jeans und rote Laufschuhe.

»Andreas, wie geht das Buch voran?« fragte er wie aus der Pistole geschossen und schaute mich neugierig an.

»Ich bin gerade damit beschäftigt Material über die ersten Jahre der L-mobile zu sammeln.«

»Da bist du bei mir richtig. Nachdem ich 2001 Infor verlassen habe, war ich in der Überlegung, ob ich ein Systemhaus gründen soll, welches den großen Namen wie Microsoft zu arbeitet. Letztlich habe ich mich dagegen entschieden, da die Zuarbeit meist mit viel Abhängigkeit einhergeht. Meine persönliche Freiheit und Unabhängigkeit ging mir aber gerade nach dem Börsengang bei Infor über alles. Um mir eine Übersicht zu verschaffen, bin ich kurz darauf mit meiner Sekretärin auf die Cebit gefahren und habe mir alles im Detail angesehen. Dabei kam die Idee der Digitalisierung von Geschäftsprozessen auf mobiler Basis auf. Schließlich habe ich die L-mobile angemeldet und rechnete direkt mit Post von T-Mobile, um mir den Namen zu verbieten. Die Ähnlichkeit von T-Mobile mit L-mobile war zu groß. Als nächstes habe ich unser erstes Produkt angemeldet und habe ein offizielles Zertifikat erhalten, dass ich den Namen L-mobile führen darf. Zwei Jahre später meldete sich tatsächlich jemand von der T-Mobile Rechtsabteilung und teilte mir mit, dass ich den Namen L-mobile ab sofort nicht mehr verwenden darf. Ich habe ihm daraufhin mein Zertifikat gezeigt. Nach dem Gespräch wurde ich nie wieder kontaktiert und habe mich mit immer mehr Produkten möglichst breit aufgestellt, um auf jede Marktlage reagieren zu können.

2006 haben wir die L-mobile Group gegründet, damals war ich mit dem Kopf bereits zehn Schritte voraus. Die gesamte L-mobile bestand aus fünfundzwanzig Mitarbeitern. Ich habe schon damals meine große Vision verfolgt und mir war egal, was die anderen dazu sagen würden, oder über mich denken. Ich wusste genau - wir werden wachsen! Zudem war mir bewusst, dass eine nachträgliche Umstrukturierung sehr teuer und aufwändig sein kann. Darum bin ich den Weg der

Group so früh wie möglich gegangen. Es ist mein Job eine Vision zu haben, die wir alle zusammen verfolgen. Heute ist das Ziel bis 2029 auf 1.000 Mitarbeiter zu wachsen und wir haben Stand heute 185. Wo ist der Unterschied zu den zehn Mitarbeitern 2006, als ich eine Group gegründet habe? Es gibt keinen. Deswegen können wir dieses Ziel genauso erreichen. In der Group brauche ich nicht nur starke Mitarbeiter, sondern auch starke Unternehmer, die aufbauen. In Jens (L-mobile Systeme in Bonn) und Lajos (L-mobile hungary in Ungarn) habe ich zwei Mitstreiter gefunden, die sich im Fahrersitz befinden und ich nur unterstütze. Wenn ich Tochterfirmen gründe, vergebe ich die Markenrechte von L-mobile und wenn der Erfolg ausbleibt, steht der Geschäftsführer vor der Entscheidung, ob er das Unternehmen unter einem anderen Namen weiterführt, oder schließt. So stelle ich sicher, dass die Group und der Name L-mobile stabil bleiben, auch wenn ein Projekt der Tochterfirma, wie zum Beispiel die Versuche den österreichischen oder türkischen Markt zu erschließen, scheitern. Die Group verfügt über die Lizenzrechte. Im Klartext bedeutet das: Wenn ein Blatt stirbt, stirbt ein Blatt und nicht der ganze Baum.

Nachdem L-mobile Systeme und L-mobile Ungarn einen guten Start hingelegt haben, versuchte ich jahrelang die L-mobile Infrastructure auf Erfolgskurs zu bringen, bis mir die Erkenntnis kam, dass angestellte Geschäftsführer, die keinerlei Anteile am Unternehmen haben, auch nur im seltensten Fall die Extrameile zu gehen bereit sind. Ich richtete meine Strategie daran aus und bevorzuge es seitdem, wenn mein Geschäftsführer nennenswerte Anteile hält und direkt seine Entscheidungen spürt. Bei Daniel Diemer wurde ich nach jahrelanger Suche fündig. Er hat die Infrastructure übernommen und auf Kurs gebracht. Das Vertrauensverhältnis zwischen meinen Geschäftsführern und mir ist sehr eng.

Der Erfolg unserer Group liegt in den Mitarbeitern, in den Geschäftsführern und dem Wertesystem, dass uns alle verbindet. Das ist der Schlüssel zu unserem Erfolg. Letztlich ging es mir auch darum, dass die L-mobile auch nach meiner Zeit weiterhin Bestand hat und ertragreich wächst. Dafür ist die Group und auch die Stiftung gegründet worden.«

»Kannst du mir von der Gründung der Löchner Stiftung 2019 erzählen?«

»Das ist mein Herzensthema und die Erfüllung eines persönlichen Traums. Es war ein sehr langer und beschwerlicher Weg bis dahin und letztes Jahr ist es endlich geglückt. Ich habe schon 2002 angefangen meine Stiftung zu planen. Der Hintergrund bestand darin, dass ich mit allen Mitteln die Übernahme von Investoren verhindern wollte. Die L-mobile sollte schon immer dafür einstehen etwas Sinnhaftes zu machen, etwas Großes aufzubauen. Ich habe mir vorgestellt ein Dirigent zu sein, der die Mitarbeiter zu einem Konzert zusammenführt. Die L-mobile soll niemals verkauft werden, das steht auch in unseren Statuten. Deshalb habe ich auch einen Aufsichtsrat gegründet, der die Statuten nach meiner Zeit aufrechterhalten soll.

Bis 2010 waren wir sehr individuell unterwegs. Jeder Kunde hat ein Unikat als Produkt bekommen. Manche würden sagen, unser häufiger Projekterfolg war Glück, für mich bedeutet Glück viel eher: *Vorbereitung trifft Gelegenheit.*

Seit jeher war es mir wichtig neben dem Produkt und der Projektabwicklung, eine Mannschaft zu formen, die einander den Rücken stärkt und einer gemeinsamen Philosophie folgt. Deswegen habe ich 2009 das Mitarbeiter-Kochen eingeführt. Es begann damit, dass ich an den Geburtstagen meiner Mitarbeiter etwas gekocht habe. Im ersten Jahr kochte ich für rund dreiundvierzig Mitarbeiter ein drei Gänge Menü. Das war der Grundstein für Lukas Karriere bei L-mobile. Als die Nachfrage immer weiter stieg, haben wir ihn eingestellt. In den ersten Monaten kochte er für rund fünfzehn Personen, nach und nach kamen immer mehr dazu. Mit dem letzten Neubau haben wir eine große Küche mit allem Equipment eingerichtet und verfügen jetzt über genug Kapazitäten, um Großveranstaltungen mit über zweihundert Gästen zu veranstalten. An unserem täglichen Mittagstisch sitzen ungefähr siebzig Mitarbeiter.« Günter war schon wieder im Erzählfluss und ich musste aufpassen, dass ich mit meinen Notizen hinterherkam, die ich mir nebenher machte.

»Wann hat der große Durchbruch für L-mobile stattgefunden, der auch zum schnellen Wachstum geführt hat?« fasste ich direkt nach und eröffnete damit das große Thema der Expansion.

EXPANSION IN TUNESIEN UND UNGARN

»Es haben sicherlich viele Faktoren eine Rolle dabei gespielt, warum wir heute so schnell wachsen. Einer davon ist sicherlich unser professionelles Marketing unter der Führung von Christian, auf das wir stolz sind und um das uns viele beachten. Mit Pascal ist unser Vertrieb neu organisiert worden und wir sind Business Partnerschaften eingegangen, von denen wir heute profitieren. L-mobile wird immer mehr zu einer Marke, die für besonderen Zusammenhalt und ein gemeinsames Wertesystem einsteht. Ganz ohne Zweifel konnten wir dem Fachkräftemangel in Deutschland durch die Eröffnung eines Standortes in Tunesien entgegenwirken.«

»Wie ist es dazu gekommen?« Auf diese Frage hatte Günter gewartet. Er lächelte und wies mich an, es mir bequem zu machen. Daraufhin legte ich mein Notizbuch weg und klappte den Laptop auf.

»Die Erfolgsgeschichte *L-mobile tunisia* begann für mich auf die schönste Art und Weise, wie ich sie mir nur hätte vorstellen können: Angeregt durch unsere Mitarbeiter. Die Idee kam nicht von mir, von unseren Managern, oder dem Aufsichtsrat, sondern von unserem langjährigen Entwickler, Mohamed Chelly, der sich mit L-mobile identifiziert und Gedanken über eine Verbesserung unserer Bedingungen gemacht hat. Mit der Expansion in andere Länder hatte ich mich bis 2017 schon mehrmals versucht. Unter anderem haben wir es mit Standorten in Österreich, der Türkei, Schweiz und Ungarn probiert, aber nur in Ungarn ist uns ein Erfolg gelungen. Letzten Endes hat es entweder an Fachkräften gefehlt, wir haben den Markt nicht abgeholt, oder hatten schlichtweg keine Vertrauensperson vor Ort, die die Entwicklung des Standorts aktiv voranbringt. Die Hauptursache sehe ich allerdings darin, dass wir kein Standardprodukt hatten. Letztlich war ich etwas entmutigt und wusste nicht so recht wann wir bereit sein würden für die Internationalisierung. Wie gewährleisten wir, dass die Firmenkultur, der Spirit und die Organisationsstrukturen der L-mobile im Ausland genauso implementiert werden, wie es bei uns der Fall ist? Das geht nur über eine direkte Betreuung. Beispielsweise haben wir in der Schweiz unsere Mitarbeiter allein gelassen und deswegen kam es nie zum großen Durchbruch.«

»Was lief in Tunesien anders?«

»Der Erfolg in Tunesien ist auf viele kleine Verbesserungen zurückzuführen, begleitet von einigen globalen Entscheidungen und Erfahrungen, die in der Vergangenheit schmerzlich erkauft wurden. Von Anfang an haben wir sichergestellt, dass eine kompetente Führungskraft vor Ort ist, der ich zu einhundert Prozent vertrauen kann. In diesem Fall handelt es sich um Oliver Joest. Neun Monate lang war er in Tunesien und hat sich um den Aufbau und die Befähigung der Mannschaft gekümmert, Bewerbungsgespräche persönlich durchgeführt und die Qualität bei den Mitarbeitern gewährleistet. Heute haben wir zwei große Teams in Tunesien, die verschiedene L-mobile Produkte bedienen. Das FIELD Team setzt für unsere CRM/Sales & Service Anwendung Projekte um, während das Industry Team für den Bereich Warenlager, Produktion und Industrie 4.0 tätig ist. Doch auch dieser Weg hat eine Vorgeschichte.

2017 kam Mohamed Chelly auf mich zu und gab mir einen wichtigen Impuls. Trotz großer Bemühungen mangelte es uns an Fachkräften, an Entwicklern. Der deutsche Markt ist in manchen Berufszweigen übersättigt, in der IT sind Entwickler Mangelware. Selbst wenn geeignete Kandidaten gefunden werden, sind diese teuer und nur selten langfristig an das Unternehmen zu binden. Der IT Markt ist sehr schnelllebig und leider lassen sich viele davon anstecken. Entsprechend hoch ist die Fluktuation. Ganz anders ist es in Tunesien. Jedes Jahr gibt es nahezu genauso viele IT Absolventen wie in Deutschland, dabei leben in Tunesien nur elf Millionen Einwohner. Deutsche Arbeitgeber gelten in Tunesien als innovativ und sicher - Jobs sind sehr begehrt. Wir stehen in unseren ethischen Grundsätzen für die Gleichbehandlung aller Menschen ein und sind offen für neue Möglichkeiten. Nachdem Mohamed den Samen gepflanzt hatte, ging der typische Prozess der Entscheidungsfindung für mich los. Ich wusste unsere Lage ist prekär, wir brauchen dringend Fachkräfte um unsere Projekte zu bedienen. Unsere Lieferzeiten bis zum Projektstart lagen bei vierzig Wochen. Gleichzeitig wusste ich nur sehr wenig von Tunesien und wollte mich unbedingt schlau machen. Nach einigen Tagen des Nachsinnens und der Recherche entschloss ich mich meine Vertrauten einzuweihen und mir Feedback einzuholen. Allen voran meine Moni. Als wir uns auf Anhieb einig waren, entschlossen wir uns als nächstes unseren gemeinsamen Urlaub in Tunesien zu verbringen und dabei das Land auszukundschaften. Auch vom Aufsichtsrat und den übrigen Führungskräften, deren Meinung ich bei besonderen Entscheidungen sehr schätze, waren allesamt offen und der Idee eines Standorts in Tunesien gegenüber aufgeschlossen. Das Land hat uns direkt gefallen. Die Menschen sind herzlich und aufgeschlossen. Wir agierten sehr schnell und nutzten die Gunst der Stunde. Alle waren motiviert, Oli hat sich bereit erklärt zu unterstützen und wir sind mit sechs Mitarbeitern in sehr spartanischer Umgebung gestartet. Mohamed Bichiou entwickelte sich zum Abteilungsleiter, trägt die gesamte Vision mit und kommt monatlich zur Führungskräfteentwicklung nach Deutschland. Frag ihn doch selbst wie er rückblickend die Anfänge der L-mobile tunisia in Erinnerung hat.«

Genau das habe ich getan. Eine Woche später rief ich bei Mohamed per Skype an und führte ein Interview per Videochat.

»Wie bist du zum L-mobile tunisia Projekt gekommen?«

»Ich hatte zuerst eine eigene Firma und habe auch an der Universität in Nabeul unterrichtet. Ein Freund erzählte mir von L-mobile, einer deutschen sehr offenen Firma und dass dies für mich eine neue und tolle Erfahrung sein könnte. Meine Firma war nicht groß und ich wollte die Chance direkt nutzen. Besonders spannend war es für mich die Möglichkeit zu haben mit jemandem zu arbeiten, der über eine große

Erfahrung und die notwendigen Ressourcen verfügt, um etwas Großes entstehen zu lassen. Dabei wollte ich unbedingt dabei sein.

Mohamed Chelly hat selbst das Bewerbungsinterview mit mir durchgeführt. In unserem ersten Meeting ging es um ERP Systeme und meine persönliche Erfahrung in der IT Welt. Nach der ersten Hürde, durfte ich Günter kennenlernen. Er lud mich zum Interview in ein Hotel in Nabeul ein und wir haben direkt Nägel mit Köpfen gemacht. Um das Risiko für beide Seiten gering zu halten, haben wir uns zunächst auf einen Freelance Vertrag geeinigt. Die Einarbeitung habe ich im Anschluss Remote aus Tunesien absolviert, weil meine Papiere für eine Einreise in Deutschland noch nicht fertig waren. Schon nach kurzer Zeit wurde mir endgültig klar - das ist etwas Großes! - und ab September 2017 bemühte ich mich um eine Festanstellung. Die große Chance kam für mich als Mohamed Chelly Ende 2017 die Entscheidung traf, dass er sich künftig wieder komplett auf Entwicklung fokussieren möchte. So wurde die Stelle der Teamleitung frei und ich habe mich sehr gefreut als mich Mohamed dafür empfohlen hat und Günter mir dann auch tatsächlich das Vertrauen geschenkt hat.

An dieser Stelle begann mein eigentliches L-mobile Abenteuer, denn Günter stellte sich mir als Mentor zur Seite. In den folgenden Monaten gewannen wir viele neue Mitarbeiter, arbeiteten sie ein und führten erste Neuprojekte durch. Alles in allem lief das Geschäft gut und Günter besuchte uns jeden Monat in Tunesien, zu einem persönlichen Jour Fixe Termin. Dabei sprachen wir über die aktuelle Situation, ob wir genug Arbeit hatten, ob es genug Auslastung gab, ob alle zufrieden sind und wie wir die nächsten Wochen und Monate einschätzten. Besonders gefiel mir dabei, dass er immer sehr offen war, seine Erfahrung mit mir geteilt hat und mich aber selbst die richtige Entscheidung treffen ließ. Niemals sagte er mir einfach ich solle etwas tun. Selbst wenn er einmal nein sagen musste, erklärte er mir immer genau warum es nicht gut ist. Ich konnte dabei sehr viel lernen.

Die Krönung von Günters monatlichen Besuchen war ein gemeinsames Essen im Restaurant, zu dem er uns alle einlud. Wenn er uns besucht, spricht er nicht nur mit mir, sondern mit jedem einzelnen Mitarbeiter. Das beweist mir, dass er echtes Interesse an uns und unserem Wohlbefinden hat. Eine solche Konstellation erregte Aufmerksamkeit und es dauerte nicht lange, bis Bewerber proaktiv auf uns zukamen und sagten, sie möchten unbedingt für L-mobile arbeiten, denn die Arbeitsbedingungen seien ganz besonders. Inzwischen leite ich über zwanzig Mitarbeiter für die Warehouse Abteilung.«

»Was macht L-mobile tunisia einzigartig?«

»Es geht um viel mehr als nur die Arbeit. Wir sind ein richtiges Team. Jedes Jahr laufen wir gemeinsam mit Günter den Comar Marathon. Sogar ich habe schon daran teilgenommen. Während Günter zweiundvierzig Kilometer läuft, bin ich zufrieden, wenn ich einundzwanzig schaffe. Während dem Laufen fokussiere ich mich vollständig auf meine Atmung und versuche möglichst lange durchzuhalten. Bei Günter ist das ganz anders. Er hat bei unserem letzten Marathon sogar ein Bewerbungsgespräch mitten im Laufen geführt. Als Trainingsshirt hat Günter nämlich sein L-mobile Shirt angezogen und darauf ist ein junger Läufer aufmerksam geworden und hat Günter direkt angesprochen. Die folgenden Kilometer begann also ein Austausch zwischen Günter und dem Bewerber, bis sie bei Kilometer vierzehn ankamen. An dieser Stelle musste man sich entscheiden, ob man einen ganzen Marathon, oder einen Halbmarathon laufen möchte. Eigentlich hatte der Läufer vorgehabt nur einen halben Marathon zu absolvieren, aber er wollte sich die Chance mit Günter nicht entgehen lassen und ist kurzerhand einen ganzen Marathon mitgelaufen. Das hat mich sehr beeindruckt, von beiden Seiten. Günter ist wirklich sehr offen und nutzt offenkundig jede Möglichkeit, um die L-mobile weiter aufzubauen.

Auf den letzten Kilometern war Günter schon so weit weg, dass er fünfzehn Minuten lang extra langsam lief, damit wir zu ihm aufschließen konnten. Aber auch das hat nicht geklappt, er war trotzdem zu weit vorne. Ende 2019 habe ich Günter schließlich zu mir nach Hause eingeladen und habe ihm meine Familie vorgestellt. Wir haben zusammen gegessen und uns auch privat ausgetauscht. Das hat mir ein weiteres Mal gezeigt, dass Günter nach langfristigen, vertrauensvollen Partnern sucht, die bereit sind mit ihm gemeinsam etwas Großes aufzubauen. Und genau diese Bereitschaft ist der Grund für seinen Erfolg. Die Einzigartigkeit des Standorts in Tunesien besteht darin, dass Günter vorab jeden Mitarbeiter gefragt hat, wie er sich verwirklichen möchte und dann alles dafür gibt, diese Wünsche zu erfüllen. Als ich zum Beispiel gesagt habe, dass ich eines Tages viele Mitarbeiter manage, für viele Projekte die Verantwortung trage und ein großes Unternehmen aufbauen möchte, hat er mir die Chance dazu gegeben. Die Umstände zu denen ich mich verwirklichen kann, sind außerdem besser als in vielen anderen tunesischen Firmen, da wir nach deutschen Standards arbeiten. Ich muss weder nachts, noch am Wochenende Überstunden machen und habe viel Zeit für meine Familie. Wenn ich einen Rat brauche, kann ich mich jederzeit an ihn wenden. Er ist nicht nur mein Vorgesetzter, sondern auch mein Vorbild.

2017 Büro der L-mobile tunisia – Quelle: Günter Löchner Privatarchiv

Womit ich mich aktuell noch schwer tue, ist für eine optimale Teamintegration über mehrere Standorte hinaus zu sorgen. Wie kann ich in Tunesien meine Mitarbeiter befähigen über große Reichweiten bis nach Deutschland und darüber hinaus mit den Kollegen zu interagieren, Beziehungen aufzubauen und voneinander zu lernen? Solche Fragen treiben mich um und ich wachse daran. Vielleicht sollte ich mir auch Günters Strategie zur Lösungsfindung aneignen und Laufen gehen, wenn ich den Kopf frei bekommen möchte.«

2017 Anfänge der L-mobile tunisia – Quelle: Günter Löchner
Privatarchiv

Vielleicht würden sich solche Fragen von Günters erstem
ausländischen L-mobile Firmensitz in Ungarn beantworten
lassen. Schließlich kann das Büro in Budapest auf vierzehn
gemeinsame L-mobile Jahre referenzieren. Geschäftsführer
der L-mobile hungary ist Lajos Kovacs, der selbst auf eine
große Berufserfahrung im Softwareumfeld zurückschauen
kann. Wir verabreden uns mitten in der Corona Krise per
Skype und kommen direkt zur Sache.

»Lajos, schildere mir bitte kurz, wie es zur Entstehung der L-
mobile hungary gekommen ist.«

»Günter und ich kennen uns schon sehr lange, seit 1998.
Ursprünglich gab es eine Partnerschaft zwischen Infor, bei
der Günter damals im Vorstand war und Corvex, meinem
Unternehmen. Wir waren in Aufbruchsstimmung und haben

aktiv nach neuen Kooperationen gesucht. Günter war als Vertreter eines großen deutschen Unternehmens sehr begehrenswert für uns, aber es war ziemlich schwierig verlässliche und langfristig agierende Partnerschaften aufzubauen. Günter war der einzige, zu dem ich direktes Vertrauen gefasst hatte und andersherum hat Günter uns sein Vertrauen geschenkt, was für uns sehr viel Bedeutung hatte. Es war von Anfang an eine Partnerschaft auf Augenhöhe. Das ist nicht die Norm. Häufig versuchen große Unternehmen günstig an Arbeitskräfte im Ausland zu gelangen und führen dabei teilweise unbewusst eine Kultur ein, die Standorte im Ausland wie Mitarbeiter zweiter Klasse behandelt. Bei Günter war dies niemals der Fall. Er war bei Infor unter anderem für ausländische Kooperationen zuständig und hat uns oft besucht. Schon bald haben wir uns sehr gut verstanden und ein Vertrauensverhältnis aufgebaut, dass die Basis für L-mobile hungary gebildet hat.

Ungefähr zwei Jahre nach Etablierung der Partnerschaft, ist Günter bei Infor in die Entwicklungsleitung gewechselt. Für mich bedeutete das eine tiefere und engere Zusammenarbeit, da auch ich damals für die Entwicklung bei Corvex zuständig war. Letztlich haben wir uns beide ins Zeug gelegt und eine Entwicklungspartnerschaft vereinbart. Als Günter die Infor verlassen hatte, haben wir uns zunächst auf unsere eigenen Projekte konzentriert, bis wir 2005 auf freiberuflicher Basis wieder zusammenfanden. Hierbei war Günter bereits mit seinem neuen Flaggschiff L-mobile unterwegs und wir waren alle beeindruckt wie schnell es ihm gelungen war ein funktionierendes Unternehmen mit Produkten innerhalb weniger Jahre aufzubauen. Wir einigten uns zunächst auf eine Partnerschaft zwischen L-mobile und Corvex, merkten aber schnell, dass die Zusammenarbeit intensiver ist als normal und gründeten daraufhin 2006 die L-mobile hungary. Seitdem bin ich auch als ihr Geschäftsführer tätig.«

»Wie hat sich der Standort in den darauffolgenden Jahren entwickelt?«

»Ungefähr zwei Jahre nach Gründung der L-mobile hungary hatten wir unser Geschäftsmodell, welches heute auch noch besteht, final ausgefeilt. Im Grunde ist es ganz einfach. In Ungarn sind ausschließlich Entwickler tätig, die sich bei L-mobile auf die Verbesserung des Produktes, oder anspruchsvolle Kundenprojekte konzentrieren. Dabei arbeiten wir eng mit der Produkt- und Projektentwicklung in Deutschland zusammen, unterhalten uns auf Deutsch oder Englisch und vernetzen uns regelmäßig. Dabei besuchen wir uns, veranstalten gemeinsame Code Reviews, oder Entwicklertage, bei denen wir unser Wissen und unsere Erfahrungen austauschen können. Im Vergleich zu den meisten anderen Auslandsstandorten ist es uns sehr schnell gelungen selbständig zu werden und nicht permanent von unserem großen Bruder in Deutschland abhängig zu sein. Unser immenses Wachstum führe ich zu großen Teilen auf Günter zurück. Es braucht immer einen Visionär, der sich traut Ideen zu verkaufen und darauf vertraut, dass sein Team daraus Wirklichkeit schaffen kann. Wenn Günter verkauft ist er sehr überzeugend, seine Gesprächsteilnehmer fühlen seine Kraft und Energie und auch in schier unmöglichen Situationen schafft er es immer wieder Projekte an Land zu ziehen. Für mich ist das immer sehr schwer. Um etwas zu verkaufen, brauche ich fertige Lösungen die ich komplett kenne und erst dann kann ich darüber sprechen. Im schnelllebigen IT-Markt sind diese Lösungen dann fast schon wieder veraltet. Günter verkauft ein Produkt verbunden mit einer Zukunftsvision und genau das funktioniert.

Gleichzeitig plant er immer schon den nächsten Schritt, arbeitet unermüdlich und läuft als Ausgleich Marathons, statt vor dem Fernseher auszuruhen. Ich denke, dass drückt gut aus, was für ein Mensch er ist. Wenn er sich Ziele setzt, bespricht er diese mit seinem Führungsteam und wenn alle einer Meinung sind, verfolgt er sie entschlossen. Sobald ein Fahrplan steht, arbeitet er vollkommen konzentriert und richtet alle seine Tätigkeiten danach aus. Wenn er liest, dann nur Themen die sein Ziel voranbringen. Wenn er läuft, denkt er über die nächsten Schritte nach und ich bin sicher, wenn er schläft, isst oder in bei seinen Bienen ist, sieht es nicht anders aus.

»Was waren eure größten Herausforderungen?«

»Gerade am Anfang bestand eine meiner größten Ängste darin, dass Günter einmal ausfallen würde und das gesamte Geschäft zum Erliegen kommt. Er war einfach zu wichtig. Bei einem unserer Gespräche fragte ich ihn dann direkt wie lange er noch arbeiten wolle und er antwortete, bis er fünfundachtzig sei. So ist Günter. Das Kommittent an sein Unternehmen ist grenzenlos. Heute sind seine Führungskräfte soweit entwickelt, dass wir auch einen Ausfall von Günter überstehen würden. Trotzdem ist er das Gesicht der L-mobile und bildet unser Fundament. Er hält uns zusammen.

Ich glaube für einen Unternehmer ist es immer schwer sich Fehler einzugestehen und Ziele, die eifrig verfolgt wurden, aufzugeben. Ein paar Mal waren wir an einer solchen Stelle und ich kann sagen, es fiel mir sehr schwer. Je mehr Arbeit in etwas hineinfließt, desto stärker hält man daran fest. Günter hat Stärke bewiesen, indem er im Laufe der Jahre auch einige seiner Entscheidungen losgelassen und trotz Verlusten und großem Kraftaufwand Kurswechsel angegangen ist. Davon profitieren wir heute umso mehr.

»Was macht euer Erfolgsrezept aus?«

»Wir arbeiten vertrauensbasiert. Mit einem ungewöhnlich hohen Maß an Freiheit und wenig Kontrolle. Ich bin sehr dankbar und stolz auf diese Freiheit. Wenn Günter strategische Entscheidungen trifft, lässt er uns mitbestimmen und diktiert niemals von oben herab. Gleichzeitig wird unser Standort in Ungarn respektiert. Wir dürfen hierbleiben und müssen nicht jede Woche nach Deutschland in die Zentrale reisen. Auf der anderen Seite ist eine persönliche Bindung sehr wichtig und diese beweist uns Günter, indem er regelmäßig zu uns kommt.«

GÜNTER DER MARATHONLÄUFER
UND BERGSTEIGER

Es ist noch gar nicht so lange her, dass Günter 2007 seinen ersten Marathon gelaufen ist. Das Alter von fast fünfzig ist nicht unbedingt der Zeitpunkt, an dem man mit dem Training für einen Marathon beginnt. Und auch wenn Günter relativ spät zum Laufsport gekommen ist, kann er heute über achtzig absolvierte Marathons vorweisen - in einem Dutzend verschiedener Länder auf dem ganzen Globus.

Die körperlichen Voraussetzungen zum Laufen kommen von der harten körperlichen Arbeit in der Land- und Forstwirtschaft.

Die Lust am Laufen ist mir mit meiner Arbeit in die Wiege gelegt worden. Unsere Ländereien mussten regelmäßig besucht und geprüft werden. Beispielsweise ob es Sturmschäden gab. Und das habe ich schon immer mit ein bisschen joggen verbunden.

Die Idee einen Marathon zu laufen kam Günter bei einem Seminar zum Thema *körperliche und mentale Fitness,* dass er zur Weiterbildung besucht hat. Dort hieß es, man solle sich um zu wachsen so große Dinge vornehmen, dass sie dir fast unmöglich scheinen. Da Günter Marathonläufer schon immer für ihre Ausdauer bewundert hat, nahm er sich vor einen Halbmarathon zu laufen. Kurz darauf meldete er sich für den Heilbronner Halbmarathon an und fing an sich eine Menge Fragen zu stellen:

Was ziehe ich an?

Welche Schuhe brauche ich?

Brauche ich Schmerzgel?

Was ist, wenn ich zusammenklappe?

Nach den ersten Trainingseinheiten kam ihm jedoch eine sehr viel wichtigere Erkenntnis: Es kommt nicht darauf an perfekt vorbereitet zu sein. Wenn man seinen Fokus zu sehr auf die Vorbereitung legt, läuft man Gefahr niemals los zu legen. Es geht viel eher darum einfach loszurennen und sein Bestes zu geben.

Der erste Halbmarathon war für Günter eine einmalige Erfahrung. Aufregend, furchtbar anstrengend, atmosphärisch, überglücklich. Gleichzeitig fielen Günter die vielen Marathonläufer um ihn herum auf, sodass er sich unweigerlich fragte, ob er nicht auch das Zeug dazu hatte einen ganzen Marathon zu laufen. Nach kurzer Bedenkzeit meldete sich Günter wiederum in Heilbronn für den Marathon an und trainierte so lange, bis er dreißig Kilometer laufen konnte.

Ich habe beim Training dreißig Kilometer geschafft und habe mir dann gedacht, wenn ich schon dreißig Kilometer schaffe, dann schaff ich auch zweiundvierzig Kilometer, selbst wenn ich am Ende gehen muss.

Hawaii Marathon mit Moni 2013 - Quelle: Günter Löchner Privatarchiv

Unter größten Anstrengungen ist Günter beim Heilbronner Marathon zum ersten Mal über die Distanz von zweiundvierzig Kilometern gelaufen und hat sich im Anschluss gedacht, jeder weitere Marathon würde seine Gesundheit ruinieren. Auf der anderen Seite war der Funke bereits auf ihn übergesprungen und eine irrationale Lust am Laufen ließ ihn immer wieder zu einem Marathon antreten. Er begann sich in den Sport einzulesen und seine Leistung zu verbessern. Zunächst beschränkte Günter sich darauf seine eigenen Anfängerfehler auszumerzen und ging dann dazu über, sich gezielt auf Läufe vorzubereiten. Er hatte inzwischen von Läufern gehört, die mehrere Marathons im Jahr laufen und nahm sich fest vor das ebenfalls zu schaffen.

Um mich auf meine Läufe vorzubereiten, bin ich entweder Sonntagabends, oder sehr früh morgens gelaufen, damit ich weder die Landwirtschaft, noch L-mobile vernachlässige.

Der erste größere Marathon und bis dato das Highlight von Günters Laufbahn als Läufer, war die Teilnahme am New York Marathon 2009. Zu diesem Zeitpunkt hatten auch einige Mitarbeiter bei L-mobile Wind davon bekommen, dass Günter Marathons lief. Kurzerhand organisierte Günter auf freiwilliger Basis eine Laufgruppe, die im Rahmen der L-mobile als Firma gemeinsam nach New York fliegen und am Marathon teilnahm. Die Gruppe bestand aus sieben Personen. Als zusätzliche Motivation für die Mitarbeiter beschloss Günter den Flug auf eigene Kosten zu sponsern. Es wurde ein unvergessliches Erlebnis.

New York Marathon 2009 - Quelle: Günter Löchner Privatarchiv

Zurück in Deutschland ist Günter endgültig auf den
Geschmack gekommen und nahm sich direkt sein nächstes
Ziel vor. Einen einhundert Kilometer Lauf. Unmittelbar kam
mir die Frage in den Kopf - wie schafft man so etwas?
Schließlich ist Günter keine zwanzig und der Sprung von
zweiundvierzig Kilometern auf einhundert ist ziemlich groß.
Zur Antwort gab mir Günter folgende Worte auf den Weg:

Meist sind es die Barrieren in unserem Kopf, gegen die wir nicht ankommen. In Wirklichkeit sind unserem Verstand, unserem Geist und auch unserem Körper keine Grenzen gesetzt. Es ist reine Kopfsache. Leider lassen wir uns durch äußere Umstände, durch Faulheit, oder Trägheit bremsen. Wenn es an Herzblut mangelt, werden wir unsere Ziele nie erreichen können. Brechen wir unsere inneren Barrieren, sind wir unaufhaltsam. Wenn ich Probleme habe, dann fehlt mir meistens einfach nur die richtige Sicht, der konkrete Blickwinkel, der zum Erfolg führt. Die Lösung nicht zu sehen bedeutet nicht, dass es die Lösung nicht gibt.

Laufen ist ein Sport, den man sowohl alleine, als auch im Team gut ausleben kann. Günter trainiert meist allein, läuft die Marathons aber mit Moni, Sabine und Dieter - zwei sehr engen, Sportbegeisterten Freunden. Die Vierergruppe hat zusammengenommen schon über dreihundert Marathons absolviert - Tendenz steigend. Neugierig wie ich bin, wollte ich Günters sportliche Weggefährten unbedingt kennenlernen. Schließlich kennen Sabine und Dieter Günter als Sportler aus einem anderen Blickwinkel, als die meisten anderen.

»Wie habt ihr Günter kennen gelernt?«

»Das war im November 2010 als wir uns alle rein zufällig für dieselbe Reise-Laufgruppe auf Kuba registriert haben. Bekanntermaßen gibt es diverse Einreise-Hürden um nach Kuba zu gelangen, sodass es die Norm ist, sich hierfür einer Reisegruppe anzuschließen. Bei der gemeinsamen Vorbesprechung haben wir Moni und Günter kennengelernt, zunächst nur flüchtig. Bleibenden Eindruck hat das Paar bei uns hinterlassen, als sie nach dem Kuba-Marathon noch Salsa getanzt haben. Daraufhin haben wir uns zum Essen getroffen und direkt gut verstanden. Nach der Heimreise haben wir

Adressen ausgetauscht und uns fest vorgenommen uns künftig zu treffen.

Anfangs war nur der Sport unser Bindeglied, aber schon nach kurzer Zeit haben wir festgestellt, dass uns privat sehr viel verbindet. Tatsächlich haben Günter und ich (Dieter) 1984 im selben Gebäude in Fellbach gearbeitet, als Günter bei Dataring angestellt war. Wir gingen sogar in dieselbe Kantine, unsere Firmen lagen nur auf unterschiedlichen Stockwerken.

Von seiner Imkerei und der Tätigkeit als Unternehmer und Gründer der L-mobile hat uns Günter erst sehr viel später berichtet. Er war immer sehr bescheiden und wollte mehr über uns wissen. Er ist ein sehr guter Zuhörer und hat bald registriert, dass wir genauso gern Reisen unternehmen, wie Moni und er. Daraufhin haben wir uns dazu entschieden uns gemeinsam für Marathons anzumelden. Von der Planung bis hin zum Flug und den Hotels - wir haben alles zusammen gemacht und hatten viel Spaß dabei. Letztendlich wurden es mehr als ein paar Reisen. Wir waren zusammen in Florenz, Marokko, Kuba, Antalya, Hawaii und sind in all diesen Ländern gelaufen.

In den letzten zehn Jahren sind wir gemeinsam schon einunddreißig Marathons gelaufen.«

»Wie bereitet ihr euch auf die Marathons vor?«

»Während wir trainieren wie die Wilden, einen genauen Ernährungs- und Trainingsplan verfolgen und auf ausreichend Erholung achten, arbeitet Günter rund um die Uhr, schaut in seinen Kalender, merkt das er morgen einen Marathon hat, trainiert am Vorabend und läuft anschließend mit uns den Marathon. Dabei gibt er Vollgas bis er nicht mehr kann und kämpft sich dann bis zum Schluss durch. Kurz vor dem Ziel läuft er noch einmal zurück und wartet auf Moni um mit ihr gemeinsam ins Ziel zu laufen.

Man muss seinen ersten Marathon gelaufen sein, dann ist es nicht mehr so schwer. Wenn man einmal mehrere Marathons gelaufen ist, hat das Gehirn das Muster abgespeichert und zieht den Körper mit. Sogar wenn man nicht mehr so viel Zeit zum Training hat, greift das Erinnerungsvermögen. Günter verlässt sich auf dieses Muster, weil er auf der Überholspur lebt und parallel zu den Marathons seine Firma voranbringen möchte.

Einen großen Faktor für seinen Erfolg sehen wir in seiner Fähigkeit sich auf eine Sache komplett zu fokussieren. Er lebt, denkt und arbeitet rund um die Uhr für L-mobile, aber wenn er einen Marathon läuft, blendet er den Rest aus und konzentriert sich auf sein Ziel.«

»Was macht eure gemeinsamen Erlebnisse so besonders?«

»Ganz ohne Zweifel können wir sagen, dass es eine Mischung aus einer gesunden Portion Humor und außergewöhnlichen Aktivitäten, an atemberaubenden Orten ist. Besonders im Gedächtnis geblieben ist uns der Antalya Marathon, bei dem wir uns jeden Abend im Restaurant zum Granatapfel essen verabredet hatten. Bei Granatäpfeln kann man es kaum vermeiden, dass man nach dem Essen rote Spritzer auf dem Hemd hat, egal wie sehr man sich bemüht sauber zu bleiben. Kurzerhand witzelten wir darüber uns das nächste Mal blaue Regencapes zum Essen anzuziehen, die wir für den Marathon erhalten hatten und so den Spritzern zu entgehen. Da es sich um ein vornehmes Restaurant handelte, war die Vorstellung davon in Regenjacken essen zu gehen umso absurder. Wir verabredeten uns also zum Scherz am nächsten Abend in Regencapes zu speisen und rechneten fest damit, dass es der jeweils andere nicht durchziehen wird. Am nächsten Abend kamen wir in besagten blauen Regencapes ins Restaurant und erblickten Moni und Günter, die ebenfalls in blauen Regencapes am Tisch saßen. Das war herrlich, wir haben den ganzen Abend darüber gelacht und haben endgültig gemerkt, dass Moni und Günter für jeden Spaß zu haben sind.

Ein andermal waren wir zusammen in Tirol und haben auf einem Berg im Iglu übernachtet. Es war eiskalt, aber wunderschön. Wir sind immer sehr ausgelassen und losgelöst, wenn wir zusammen Zeit verbringen. Und egal wie unwirklich die Orte oder die Umstände sind, bewundern wir Günters Fähigkeit des Powernappings. Ich schaue mich kurz um und plötzlich sitzt Günter neben mir und schläft. Ich habe noch nie gesehen, dass jemand mal eben zwischendurch sich dermaßen gut durch einen Powernap erholen kann. Als wir zusammen einen hundert Kilometer Lauf in Biel absolviert haben, legte er sich kurz auf eine Bank, schlief zehn Minuten und lief direkt weiter.

Als wir gemeinsam in Hawaii waren um am Marathon teilzunehmen, verletzte ich mich am Knie. Günter hatte zuvor einen Reiki Kurs absolviert und hat mein Knie solange bearbeitet, bis ich Besserung verspürte. Wir sind danach zusammen den Marathon gelaufen. Was immer er tut, er ist mit Herzblut dabei und macht sich stark für diejenigen, die ihm am wichtigsten sind.«

»Bestehen Parallelen zwischen Günters Laufsport und dem Unternehmertum?«

»Sehr viele. Ebenso wie im Sport geht es darum stetig besser zu werden, sich Fähigkeiten anzueignen und das Unternehmen zu trainieren. Mit der Digitalisierung des Mittelstands ist Günter in einem Segment drin, dass viele Zukunftschancen hat. Damit erntet er jetzt die Früchte seiner Arbeit. Er hat zur richtigen Zeit auf das richtige Pferd gesetzt. Ebenso wie beim Laufen weiß er genau wann er trainieren, wann er ausruhen, wann er laufen und wann er sprinten muss. Im Vergleich zu vielen anderen Unternehmern denkt er bei seinen Entscheidungen immer an das finale Ziel. Ich bin überzeugt, dass die L-mobile erfolgreich sein wird und Günter seine Visionen verwirklichen wird. Das liegt vor allem daran, dass er seine Belegschaft mit einer beeindruckenden Energie mitzieht. Dabei spielt es für ihn keine Rolle, ob er selbst ein Risiko eingehen muss, wenn er das Ziel vor Augen hat, traut er sich Entscheidungen zu treffen, die nicht immer einfach sind.

Günter beim Firmenlauf in Stuttgart 2015 - Quelle: Günter Löchner Privatarchiv

»Ihr seid über dreißig Marathons gemeinsam gelaufen. Wie bereitet ihr euch auf den nächsten Lauf vor?«

»Als erstes besprechen wir, welchen Marathon wir als nächstes zusammenlaufen wollen. Darauf folgt die Logistik. Wir entscheiden ob wir fliegen, mit dem Zug oder Auto anreisen und was wir mitnehmen müssen. Moni kümmert sich meist um das Hotel, dafür hat sie ein besonderes Talent. An unserem Aufenthalt angekommen, starten wir mit einem gemeinsamen Essen in unmittelbarer Nähe des Hotels. Auch dafür ist Moni verantwortlich und findet immer wieder ganz außergewöhnliche Restaurants. Danach gehen wir zusammen spazieren und sehen uns die Stadt an, in der der Marathon stattfinden wird. Wir lieben es in Straßencafés zu sitzen und den Flair der Stadt zu inhalieren, Musikanten anzuhören und Sehenswürdigkeiten zu besuchen.

Am Abend vor dem Marathon treffen wir uns zum Nudeln essen - das ist die typische Pasta Party vor großen Läufen, bei der es darum geht noch einmal alle Speicher aufzufüllen und möglichst viele Kohlenhydrate zu sich zu nehmen. Das ist nicht nur unsere Tradition. Vor Marathons wird die Pasta Party meist vom Veranstalter gestellt und jeder von uns verputzt eine ordentliche Portion Spaghetti.

Vor dem Lauf besuchen wir gemeinsam die Marathonmesse, bei der es neben Werbung, Nahrungsergänzungsmitteln und unseren Startnummern auch eine Vielzahl verschiedener interessanter Stände zu bestaunen gibt. Das Angebot reicht von Leistungsdiagnostik, bis hin zu Mode, Schutzkleidung, Laufutensilien und Zuckerpampe. Traditionell gibt es auch eine Wand, an der man sich mit seinem Namen verewigen und fotografieren lassen kann. Der Eventcharakter kommt dabei sehr zur Geltung und macht Lust und Laune auf den

Lauf. Im Anschluss holen wir unsere Unterlagen inklusive Startposition ab und bemühen uns ein wenig früher als sonst ins Bett zu kommen. Nicht um auszuschlafen, sondern um drei Stunden vor dem Lauf noch einmal essen zu können. Neben dem frühen Aufstehen ist es immer wieder eine Herausforderung Hotels zu finden, die früh genug die Küche öffnen, um noch zu essen.

Moni und Günter beim 100 Kilometer Lauf in Biel 2015 - Quelle: Günter Löchner Privatarchiv

Nach dem Essen geht es an den Start. Sobald es losgeht laufen wir alle mit voller Kraft voraus. Dabei ist es ganz normal, dass wir uns mit der Zeit auseinanderlaufen und später wiederfinden. Spätestens im Ziel warten wir aufeinander. Hierbei gibt es eine weitere Tradition die Moni und Günter pflegen: Günter läuft durch das Ziel, trinkt etwas und läuft noch einmal zurück zu Moni, um mit ihr gemeinsam das Rennen zu beenden. In Biel ist Günter Moni sogar mit einem Blumenstrauß entgegengelaufen.

Nach dem Marathon gehen wir meistens sofort essen, sind ausgelassen und feiern unseren Erfolg. Am nächsten Tag befinden wir uns meistens schon auf dem Rückweg und überlegen welchen Marathon wie als nächstes laufen möchten.

Es kommt auch vor, dass wir uns sehr kurzfristig oder sogar zufällig auf kleineren Marathons in der Region sehen. Das ist dann besonders lustig. Große Events bleiben im Verhältnis dazu natürlich auch länger im Kopf. Für Hawaii oder Marokko haben wir auch noch gemeinsam ein bis zwei Wochen Urlaub hinten drangehängt. Dabei kommen wir alle wunderbar zur Ruhe. Wir haben beispielsweise schon zu Beginn unserer Freundschaft gemeinsame Kochevents veranstaltet, bei denen wir völlig zwanglos Impulse und Tipps aus den verschiedensten Lebensbereichen austauschen konnten. Dabei kann es um den Sport und die Ernährung, oder Gesundheit im Allgemeinen gehen, aber auch um unsere Familien, die Kinder und Enkel, Günters Imkerei oder auch Architektur.

Die Zwanglosigkeit führt bei uns dazu, dass wir ohne Unterlass mit Moni und Günter sprechen. Einmal hat sich Günter sogar meine gesamte Lebensgeschichte angehört, als wir den hundert Kilometer Lauf bei Biel zusammen absolviert haben. Je länger wir uns kennen, desto intensiver wird unsere Freundschaft und darüber sind wir sehr glücklich.«

Dieter, Sabine, Moni und Günter beim Antalya Marathon 2012 -
Quelle: Günter Löchner Privatarchiv

Der Laufsport befreit, verbindet und sorgt für den nötigen
Ausgleich. Neben den gesundheitlichen Vorteilen trainiert
ein guter Lauf auch die geistige Willenskraft. Je öfter wir das
Ziel erreichen, desto einfacher fällt es uns neue, große Ziele
zu setzen. Günter läuft nicht nur um des Laufens willen,
sondern auch um andere Länder und Kulturen kennen zu
lernen. Seit er läuft, ist er bereits in über zwei Dutzend
verschiedenen Ländern gewesen und hat unterschiedliche
Völker und Bräuche kennengelernt.

Dabei haben es ihm Berge besonders angetan. Er liebt es in
großen Höhen zu sein, unendliche Weiten zu überblicken
und die sportlichen Aktivitäten des Laufens und Bergsteigens
miteinander zu verbinden. Während andere Weihnachten auf
dem Sofa in der Nähe des Weihnachtsbaums verbringen, reist
Günter durch Südamerika und erklimmt den Chimborazo,

oder erkundet den Regenwald und den Amazonas, schaut sich Tiere auf den Galapagosinseln an, taucht nach exotischen Meeresbewohnern, oder läuft einen weiteren Marathon.

Moni teilt Günters Reiselust - zusammen haben sie schon nahezu alle Länder Europas bereist, mehrmals einen Aufenthalt in Südafrika eingelegt, über zwanzig Mal Tunesien besucht, am Marrakesch Marathon in Marokko teilgenommen, Ägypten und die Sahara gesehen, Tansania, Sansibar, den Kilimanjaro, Everest und Annapurna bestiegen, sowie Indien, Australien, Hawaii, Kanada, USA, Mexiko, Nicaragua, Costa Rica, Brasilien, Peru, Argentinien, Türkei und Korea besucht.

Ich liebe es neue Länder, neue Leute, neue Kulturen und Nationen kennenzulernen. Ich komme immer ausgeglichen und inspiriert von meinen Reisen zurück. Oft stimmen mich meine Ausflüge demütig und dankbar für die Privilegien unseres Landes.

Moni und Günter auf dem Kilimanjaro 2016 - Quelle: Günter Löchner Privatarchiv

WO MAN LIEBE AUSSÄT, DA
WÄCHST FREUDE EMPOR

Mit diesem schönen Zitat von William Shakespeare beginnt
das letzte Kapitel dieses Werkes und damit die Geschichte
von Moni und Günter. Moni, das ist Günters bessere Hälfte.
Seit über einem Jahrzehnt stehen sie sich schon zur Seite.
Moni ist Günters Stütze, beste Freundin, Wegbegleiterin,
Trainings- und Tanzpartnerin. Kennengelernt haben sich die
beiden 2009 über ihre gemeinsamen Leidenschaften - dem
Laufen und Bergsteigen. Der Sport hat sehr schnell und sehr
stark verbunden. In Hamburg sind Moni und Günter den
ersten Marathon gemeinsam gelaufen. Im folgenden Jahr
waren es bereits vierzehn Marathons. Durch die frühen
gemeinsamen Grenzerfahrungen im Extremsport wurde
ihnen schnell bewusst - es verbindet sie nicht nur Sport,
sondern auch der Charakter. Beide setzen sich hohe Ziele und
möchten diese unbedingt erreichen. Während sie eigentlich
daran gewöhnt sind ihre Träume selbst zu verwirklichen, hat
sich ihr Leben komplett verändert, als sie festgestellt haben,
dass es tatsächlich einen Seelenverwandten gibt, der alles

daransetzt, sich mit dem Partner gemeinsam zu verwirklichen. Es hat symbolischen Charakter. Moni und Günter laufen bei ihren Marathons immer gemeinsam ins Ziel. Mit Monis Worten:

»Ich brauche keine Ausrede, wenn ich Laufen möchte, er findet es toll und man macht es zusammen. Bei großen Läufen bekomme ich bei Kilometer fünfunddreißig eine SMS: *Ich stehe bei Kilometer achtunddreißig*. Dann läuft er zurück und wir laufen gemeinsam ins Ziel.«

2010 mit dem Rad von Innsbruck nach Rom – Quelle: Günter Löchner Privatarchiv

»Welche Erlebnisse mit Günter sind dir besonders in Erinnerung geblieben?«

»Auf jeden Fall unsere hundert Kilometer Läufe in Biel. Das ist absoluter Kult. Man läuft die ganze Nacht durch. Günter ist zwölf Stunden langgelaufen und hat seine hundert

Kilometer trotz verstauchtem Fuß beendet. Das hat mir gezeigt aus welchem Holz er geschnitzt ist. Uns verbinden die gleichen Werte. Nachdem ich einen schweren Unfall hatte, sind wir zu einem Marathon nach Buenos Aires geflogen. Dort gab es einen vierundsiebzig jährigen Läufer, der großen Eindruck auf uns gemacht hat. Nicht nur, dass er in seinem Alter noch an Marathons teilgenommen hat, er berichtete uns von einem großen Lauf auf dem Mount Everest, in fünftausendvierhundert Metern Höhe! Wir haben uns angesehen und uns war klar - unsere nächste Station wird der Everest sein. Die Chemie stimmt. Uns ist wichtig auf derselben Augenhöhe zu sein. Unsere Lebenserfahrung hat uns genau gezeigt und teilweise schmerzhaft gelehrt was wir nicht wollen und davon profitieren wir jetzt. Wir kennen uns selbst und einander bis ins kleinste Detail. Dadurch ist unsere Beziehung ganz fest. Ich schaue ihn an und weiß genau was er denkt. Beispielsweise ist unser höchster gemeinsamer Wert die Freiheit. Wir mögen es nicht uns rechtfertigen zu müssen, oder Dinge zu tun, von denen wir nicht überzeugt sind. Warum auch? Unsere Zeit ist viel zu kostbar, das Leben zu schön und die gemeinsamen Momente viel zu wertvoll. Wir stützen uns gegenseitig. Wenn Günter etwas auf dem Herzen liegt, teile ich meine liebste Lebensweisheit mit ihm:

Eine Frau geht täglich mit zwei Eimern Wasser holen. Ein Eimer hat allerdings ein Loch und läuft auf dem Heimweg aus. Entschuldigend sagt der Eimer: Es tut mir leid, dass ich immer so viel Wasser verliere. Die Frau entgegnet: Das ist nicht schlimm, schau mal die linke Seite auf unserem Weg ist dafür voller Blumen, während auf der rechten Seite nichts gedeiht.

So ist das auch bei uns im Leben. Wenn Günter etwas auf dem Herzen hat oder etwas nicht klappt, erinnere ich ihn an

die Metapher und sage ihm: Schau mal, du gießt wieder
Blumen.«

Moni und Günter zusammen beim Luxemburg Marathon 2012 -
Quelle: Günter Löchner Privatarchiv

»Heute lauft ihr nicht nur zusammen, ihr arbeitet auch
zusammen. Wie kamst du zur L-mobile?«

»Vor L-mobile war ich vierzig Jahre lang Selbstständig und
habe immer wieder Führungsrollen im Verkauf innegehabt,
Filialen geleitet, oder Mitarbeiter trainiert. Ausschließlich in
der Modebranche und der Bekleidungsindustrie. Als wir uns
kennenlernten war Günter sehr begeistert, dass ich genau
weiß was ich kann. Die Arbeit hat mir immer riesigen Spaß
gemacht. Ich liebe es eine ehrliche Beziehung zum Kunden
aufzubauen, zu verkaufen, zu beraten und zu reisen. Günter
hat das sehr schnell registriert und wollte mich sehr gerne für
L-mobile gewinnen. Es hat allerdings einige Zeit gedauert, bis

ich mich dafür entschieden habe. Meine Freiheit in der Selbständigkeit war mir sehr wichtig und erst als ich verstanden hatte, dass ich dieselbe Freiheit bei L-mobile haben kann und dazu noch mit Günter an großen Zielen und Visionen arbeite, war ich überzeugt. Angefangen habe ich 2017 als Assistenz von Pascal. Die ersten drei Monate waren sehr anspruchsvoll, schließlich habe ich Jahrzehnte in einer anderen Branche verbracht. Nach meiner Einarbeitung haben wir einen Kurswechsel vorgenommen und ich habe in den Vertrieb als Verkäuferin gewechselt, mir wurden konkrete Arbeitsgebiete zugewiesen, sodass ich jetzt einige wenige ERP Partner und Kunden im Portfolio habe, anstatt in die Breite zu gehen. Lieber arbeite ich mich genau ein und fokussiere mich darauf die Materie tief zu durchdringen. Am rechten Fleck fühle ich mich, seit ich weiß, dass ich meine Arbeit gut beherrsche und nicht nur mit Pascal, sondern auch mit Günter arbeiten kann.

2014 Mount Everest – Quelle: Günter Löchner Privatarchiv

Mit damals achtundfünfzig Jahren nochmal einen beruflichen Wechsel zu machen, war eigentlich nicht mein Plan. Wenn Günter und ich zusammen sind verbindet uns eine gewisse Leichtigkeit und Energie, die letztlich dafür gesorgt hat, dass wir große Lust bekommen haben, es einfach auszuprobieren. Günter stand gerade am Anfang extrem hinter mir und hat mir den Rücken gestärkt. Heute fühle ich mich sehr wohl und mache den Job noch mindestens bis zur Rente, das wäre 2024. Danach sehen wir weiter. Günter als Rentner ist unvorstellbar und ich neige dazu die Rente ebenfalls aufzuschieben, weil die Arbeit uns so viel Freude macht. Auch die private und berufliche Trennung fällt uns nicht schwer. Im Gegenteil, wenn wir uns nach einem langen Arbeitstag treffen, können wir es gar nicht erwarten einander von unserem beruflichen Tag zu berichten und oft geht es dann auch ins Private über. Für uns gibt es hier keine Grenze. Wenn wir merken, dass es dann doch mal zu viel ist, leben wir unsere Hobbys gemeinsam aus, gehen laufen oder kümmern uns um die Bienen. Dabei sprechen wir dann auch gar nicht über die Arbeit, sondern über das Leben, was uns beschäftigt, unsere Familie, die nächste Reise oder ein gutes Buch.«

2018 Sahara – Quelle: Günter Löchner Privatarchiv

»Was schätzt du an deinem Günter?«

»Seine Visionen. Er bleibt nie stehen und setzt sich immer neue Ziele, das liebe ich, weil ich selbst niemals stehen bleiben möchte. Er akzeptiert und liebt mich wie ich bin, mit all meinen Macken. Seine Offenherzigkeit ist für mich ganz besonders. Dass er seine Visionen mit mir teilt, wir uns gemeinsam verwirklichen können und uns treu den Rücken stärken. Günter möchte immer mitten im Geschehen sein, er ist privat und als Geschäftsführer immer ehrlich an seiner Familie, seinen Freunden und seinen Mitarbeitern interessiert und er möchte, dass es allen gut geht.

Es erfordert Mut seinen Traum zu leben und bei ihm merke ich, er arbeitet an seinem Lebenswerk, der L-mobile, und das jeden Tag. Zu L-mobile gehört noch so viel mehr als das Unternehmen. Als wir uns kennenlernten waren kaum drei

Stunden vergangen, als er mir statt von Produkten, von seiner Stiftung vorgeschwärmt hat und was man alles Gutes in diesem Rahmen machen wird.«

»Wie denkst du, wird sich das Lebenswerk L-mobile weiterentwickeln?«

»Jeder Mitarbeiter kennt seine Vision - die L-mobile soll eintausend Mitarbeiter zählen. Dazu ist noch ein großes Wachstum erforderlich, aber ich glaube fest daran, dass wir dieses Ziel erreichen werden. Das Potenzial in der Firma, in den Mitarbeitern und den Produkten ist gegeben. Wir sind zeitgemäß und holen den Markt ab. Letztlich wird nicht das Produkt, oder die schiere Größe den Erfolg bestimmen, sondern der familiäre Rahmen der L-mobile und die Freiheit, die jedem Mitarbeiter dabei zukommt. Du darfst selbst entscheiden welche Rolle du beim Wachstum spielen möchtest und verplanst dich selbst. Du kannst heute an einem Projekt arbeiten und morgen an einem anderen, es ist furchtbar aufregend. Und die Aufstiegsmöglichkeiten sind für alle gleich. Jeder kann es bis ins Management bringen, wenn er gewillt ist zu wachsen.«

Moni und Günter auf ihrer gemeinsamen Radtour Rhein Andermatt
nach Rotterdam 2015 - Quelle: Günter Löchner Privatarchiv

Und auch Günter möchte einige Worte über Moni sagen. Wir
telefonieren an einem Samstag im Oktober, es ist schön spät
und wir haben uns das Beste zum Schluss aufgehoben.
Günter hat sich im Vorfeld viele Gedanken darüber gemacht,
was er über Moni, die ihm so wichtig ist, sagen möchte.
Letztlich haben wir uns auf das Wesentliche fokussiert. Das,
was für Günter am meisten zählt:

»Wenn ich mir vor Augen führe, was Moni und ich schon
alles erlebt haben, fehlen mir die Worte. Wenn wir
zusammen sind, gibt es für uns keine Grenzen. Es ist völlig
egal welcher Herausforderung wir uns stellen, auf welche
Reise wir uns begeben und wie ungewiss der Erfolg
erscheint, zusammen schaffen wir alles. Von Marathons,
Wanderungen, Bergsteigen, Klettern, Radtouren und dem
Salsa tanzen, bis hin zur Arbeit bei L-mobile oder der Imkerei

– wir machen alles zusammen. Fast überall fahren wir gemeinsam hin. Auf der einen Seite bin ich dankbar für die Stütze die Moni mir bietet. Sie ist mir eine große Motivation und Unterstützung. Auf der anderen Seite steht sie nicht nur am Seitenrand, sondern macht einfach mit. Ihren Elan, Energetik und Optimismus empfinde ich als ansteckend. Wir halten uns jung.

Natürlich verbinden uns auch die gemeinsamen Interessen. Sei es L-mobile, die Familie oder visionäres. Wenn schwierige Entscheidungen anstehen, beraten wir uns gegenseitig. Was uns als Paar eng verbunden hat, sind Rituale, an denen wir schon viele Jahre festhalten. Es ist uns sehr wichtig, dass wir jeden Morgen zusammen frühstücken. Selbst wenn es auf Reisen geht und wir entsprechend früh aufstehen müssen, lassen wir das gemeinsame Frühstück um keinen Preis der Welt sausen.

Wir verbringen nicht nur gern Zeit zusammen, wir brauchen auch unsere gemeinsame Zeit. Deshalb erfüllt es uns beide immer mit Energie und Freude, wenn wir zusammen in den Tag gestartet sind und gehen entspannt und motiviert unseren täglichen Aufgaben nach. Abends sehen wir uns wieder und erzählen einander was wir erlebt haben.

Wenn große Sport Events anstehen, ist Moni immer dabei, selbst wenn sie nicht an einem Lauf teilnimmt. Im September habe ich den Neckarlauf absolviert. Dreihundertfünfzig Kilometer in sieben Tagen. Dabei ist mir Moni mit unserem Wohnmobil hinterhergefahren, hat mich versorgt und ist die letzten Kilometer der täglichen Streckenabschnitte mit mir gemeinsam gelaufen. Es macht für mich einen enormen Unterschied, wenn ich bei einem Rennen von Moni unterstützt werde. Ich tanke frische Energie und verspüre neue Lebensgeister. Es macht unglaublichen Spaß zusammen zu laufen.«

»Wie hat sich dein Leben mit Moni verändert?«

»Wie Tag und Nacht. Moni verkörpert alle Eigenschaften, die ich mir in meinem Partner wünsche. So ist sie sehr kinderlieb und ist die treibende Kraft hinter unseren Urlauben mit den Enkeln. Sie zieht keine Grenzen. Sie liebt und unterstützt meine Familie, meine Kinder und Enkel als wären es ihre eigenen. Sie zeigt unaufhörliches Interesse an meinem Leben und macht es zu unserem Leben. Sie sagt immer *nimm mich mit* und möchte mich bei allen Herausforderungen nicht nur unterstützen, sondern aktiv dabei sein.

Bevor ich Moni kennen gelernt habe, war ich dreißig Jahre lang verheiratet. Viele Jahre waren schön und wir haben lange Zeit für die Ehe gekämpft, aber als wir uns letztlich für die Trennung entschieden haben, war es die richtige Entscheidung. Zuerst war es schwer für mich und ich stellte mir die Frage, was ich jetzt tun sollte. Andererseits hat sich meine neu erworbene Freiheit, wie ein Befreiungsschlag angefühlt. Ich dachte einige Zeit nach und traf für mich eine sehr wichtige Entscheidung: Ich wollte eine Reihe von Dingen erleben, die vorher nicht möglich waren. Ich wollte nach Kuba, Bergsteigen, Tanzen und mich auf neue Dinge einlassen. Mit Moni hat sich alles in die Richtung verändert, die ich mir wünschte. Und das begeistert mich bis heute. Wir machen im Prinzip alles zusammen und sind auch sehr glücklich damit. Ich blühe dabei auf.

Wenn wir zusammen sind, schalten wir gut ab. Die letzten elf Jahre sind der Leckerbissen in meinem gesamten Leben und es ist kein Ende in Sicht. Wir wollen noch lange aktiv bleiben.

Wir haben uns sogar T-Shirts machen lassen. Darauf steht, dass wir 2039 mit achtzig Jahren noch einmal den Biel einhundert Kilometer Lauf absolvieren möchten.

»Wie lautet euer gemeinsames Motto?«

»Heute sind wir mit dem Auto auf der Autobahn gefahren. Ich war wie immer schnell unterwegs und blieb unentwegt auf der linken Spur. Daraufhin rief Moni direkt: *Du musst immer auf die Überholspur!* Wir haben viele Leitsprüche, meist mit einer Brise Humor gewürzt. Wir sind immer zu einhundert Prozent ehrlich miteinander.«

»Was hat euch zusammengeschweißt?«

»Wir waren etwa drei Jahren zusammen, als Moni einen sehr schweren Unfall hatte. Dabei hat sie sich den ersten Halswirbel drei Mal und den vierten Halswirbel einmal gebrochen. Als ich sie fand, habe ich Reiki angewendet und den Krankenwagen gerufen. Später teilte uns der behandelnde Arzt mit, dass bei solchen Unfällen etwa zwanzig Prozent der Unfallopfer sterben und achtzig Prozent vom Hals abwärts gelähmt bleiben. Monis Genesung war schlichtweg ein Wunder und für die Ärzte unerklärlich. Sie hat einen eisernen Willen bewiesen und ich achte sie dafür. Wir haben zusammen gekämpft und haben es geschafft, dass Moni erst wieder gehen konnte – zehn Kilometer täglich – und sechs Monate nach dem Unfall mit mir am Buenos Aires Marathon teilgenommen hat. Es gibt keine Worte um das Gefühl zu beschreiben, als wir zusammen durch das Ziel gelaufen sind.«

»Was wünscht du dir in den nächsten Jahren mit Moni?«

»Ich wünsche mir einfach nur, dass es genauso weitergeht wie bislang auch. Dass wir unternehmenslustig, weltoffen, herzlich und liebevoll bleiben. «

2015 Biel einhundert Kilometer Lauf – Quelle: Günter Löchner
Privatarchiv

SCHLUSSWORT

Im September 2020 schrieb ich an den letzten Seiten von Günters Lebensgeschichte. Was ist mir besonders im Gedächtnis geblieben? Sicherlich die Erkenntnis, dass man mit viel Fleiß und Disziplin alles erreichen kann, unabhängig der Lebensumstände. In den letzten zehn Monaten hatte ich hunderte Gespräche geführt und einen Einblick in das Leben des Unternehmers Günter Löchner gewonnen. Eines Menschen, der seine Leidenschaften auslebt und bereit ist, für seinen Traum auf Bequemlichkeiten zu verzichten. Durch die Arbeit mit Günter wurde mir bewusst, dass es nicht darauf ankommt was war. Es zählt nur der Glaube, Wille und Fokus auf das, was man will. Es ist nie zu spät für einen Neubeginn. Es geht um die Klärung folgender Frage: Bin ich bereit den Mut für meinen Traum aufzubringen, ungeachtet der Folgen?

Konnte sich das Kind Günter, das nur die Landarbeit kannte, damals vorstellen, dass er später im Leben einen Wechsel in die IT-Welt wagen würde, es bis zum Vorstand eines ERP-Konzerns bringen, nahezu einhundert Marathons absolvieren, unzählige Länder bereisen, oder eine eigene Honigproduktion und eine Softwarefirma aufbauen würde? Dass er eine glückliche Familie haben würde? Was würde Günter Löchner heute dem Kind Günter sagen? Genau diese Frage habe ich ihm gestellt. Seine Antwort könnt ihr hier lesen:

Es gibt viele Dinge, die ich früher getan habe, die ich heute so nicht mehr tun würde.

Ich würde mit der Erfahrung von heute viel früher die Menschen und auch das Wissen suchen, das mich schnell voranbringt.

Ich würde mich nicht mehr an Dingen aufhalten, die mich maximal beschäftigen aber nicht vorwärtsbringen.

Dank meiner Erfahrung würde ich Verbündete suchen, die einerseits das Knowhow haben, aber viel wichtiger, genau selektieren wer zu meinen Werten passt.

Von der fachlichen Seite würde ich mich an Stellen heranwagen, die besonders innovativ und spannend sind. Themen, die mich begeistern.

Heute ist alles anders. Es gibt Internet und vieles mehr. Das Leben an sich bringt eine vielfach höhere Geschwindigkeit als vor einundsechzig Jahren mit sich.

Beruflich würde ich mich auf ein Thema einlassen, das sich natürlich mit der Zukunft, mit dem Besseren Morgen beschäftigt.

Es könnte wieder IT werden. Es gibt eine Menge Teilbereiche, die mich faszinieren: Künstliche Intelligenz, Augmented Reality, Biotechnologie, autonomes Fahren, oder auch im weitesten Sinne Mobilität, Robotic, 3D-Printen, Umwelt, erneuerbare und nachhaltige Energien, Alternativen im Bereich Gesundheit und vieles mehr.

Ich würde mir eine gute Balance zwischen der Arbeit mit neuen Technologien und dem sozialen Kontakt mit meinen Mitmenschen und ihren Emotionen suchen.

Technologie ändert sich rasant. Das Arbeiten mit Menschen im Team ändert sich auch, aber viel langsamer.

Zu guter Letzt ist und bleibt aber das wichtigste – ein stabiles Wertesystem und eine sinnhafte Vision. Zuerst muss diese Frage geklärt sein, alles Weitere kann ich beruflich und privat dann besser einordnen.

Aus heutiger Sicht würde mein Leben mit der Sinnfrage und meinen Werten beginnen.

Was können wir in den nächsten Jahren von Günter erwarten?

Günter mag Zahlen. Und er fokussiert sich auf zwei ganz besonders: Einhundert Marathons und eintausend Mitarbeiter. Die Expansion und Internationalisierung von L-mobile wird mit weiteren europäischen Standorten voranschreiten.

Günter wird immer auf der Suche nach dem nächsten großen Ziel sein, dem nächsten Etappenziel zum größten Meilenstein, der Verwirklichung seiner Vision *L-mobile*.

Zum Abschluss wünsche ich ihm dabei alles Gute. Auf dass er seinen unermüdlichen Antrieb niemals verliert und sein Leben anderen als Vorbild dient niemals aufzugeben.

Oktober 2020

Andreas Krivocheia